日本の遺跡29

飛山城跡

今平利幸 著

同成社

整備された飛山城跡（真上から）

飛山城跡遠景（北から）

土塁・堀と木橋

整備・復元された飛山城跡

古代建物

中世掘立柱建物

中世竪穴建物

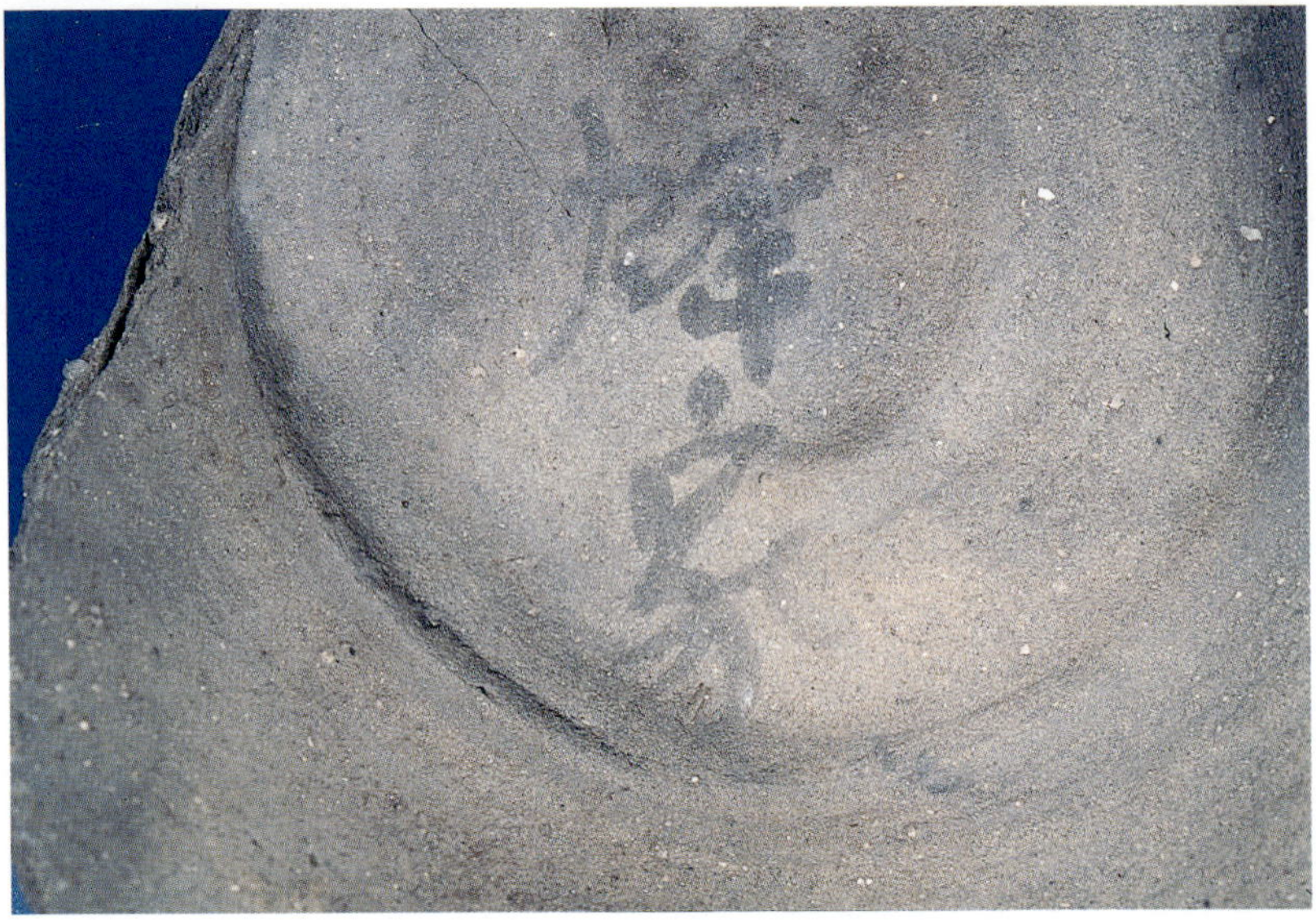

古代の墨書土器　「烽家」の文字が見える

旧石器～中世の長期
にわたる遺物・遺構

中世の獅子鈕

中世の火舎香炉

旧石器時代の土坑

目　次

カバー写真　飛山城跡遠景
装丁　吉永聖児

飛山城跡

Ⅰ　飛山城跡を取り巻く環境

1　城跡の保存に向けて

昭和四十年代の全国的な高度経済成長の波は、この飛山城跡周辺にも打ち寄せ、城跡の南側と東側に住宅団地が造成され始める。

一九七五（昭和五十）年には城跡南東隅の櫓台部分に宅地造成が計画され、このままでは地域のシンボルである飛山城が消滅してしまうのではないかとの危機感が地域住民の間で高まりをみせる。

この城がいかに地域のシンボルであるかは、一八八九（明治二十二）年の市町村制の施行により竹下村をはじめとする九カ村が合併した際、飛山城を築いた清原氏の名をとって「清原村」と名づけたことからもよくわかる。

この地域の名前の由来の基となる飛山城跡が破壊の危機に晒されたことにより、地元住民がその保護・保存に向けて立ち上がることになる。

そして、その活動の中心的な役割を果たしたのが「竹下町飛山保存会」である。この会は、飛山城跡の保存に向けて行政に働きかけたり、その所有者に国指定同意に向けて協力を求めるなど、飛山城跡の国指定に向けて大きな牽引役を果たした。

このような地域の動きと連動し、宇都宮市教育委員会や栃木県教育委員会の行政サイドも文化庁との協議を進め、城跡の保存に向けて迅速な動きを見せる。

栃木県教育委員会では、飛山城跡が国指定史跡に値するかの客観的な判断材料を得るために、全県下の中世城館跡の状況調査を行った。これは後に『栃木県の中世城館跡』として一冊の本にまとめられる。

一方、宇都宮市教育委員会は、竹下町飛山保存会とともに城跡の地権者の協力を得られるよう奔走し、指定に向けての関係書類の作成を行った。

このような地域と行政が一体となった活動が実を結び、一九七七（昭和五十二）年三月八日付けで飛山城跡は国指定史跡となった。宇都宮市内では、大谷磨仏（特別史跡と重要文化財の二重指定）に次いで二番目の指定であり、県内の中世城跡としては初めての国指定史跡の誕生となった。

現在、宇都宮市内にはこの他に、縄文時代前期の大型建物群が発見された根古谷台遺跡（一九八八年指定・図1）と古代の河内郡衙跡と推定される上神主・茂原官衙遺跡（二〇〇三年指定・図2）の四カ所の国指定史跡があるが、飛山城跡のように、地域住民が積極的に保存活動を展開して指定に結びつけた例は他にない。

飛山城跡が国指定になった後、竹下町飛山保存会は「竹下町文化財愛護会」と改称し、定期的に城跡および周辺文化財の除草・清掃活動を行った。そしてこの流れが、現在のＮＰＯ法人飛山城跡愛護会を生み、後述する史跡整備後の地域主体の活用展開に繋がっていく。

その意味で飛山城跡は、宇都宮市における史跡の保存・愛護活動の原点となった場所といえる。

現在、市内では一二の団体が県・市指定史跡の保護・保存活動を行っており、文化財愛護活動の輪が広がっている。

また、指定後は市が史跡保存のために買上げ事業を進め、二〇〇四（平成十六）年度現在までに約九二％が公有化されている。

図1　根古谷台遺跡

図2　上神主・茂原官衙遺跡

さらに一九九二（平成四）年度から一九九九（平成十一）年度にかけて、史跡整備に先立つ確認調査を宇都宮市教育委員会が実施し、多数の遺構や遺物を確認している。

本書は、その調査の成果を基に飛山城跡がどのような城であったかを紹介するとともに、それに付随する諸問題や、城として使われた時代以外の「とびやま」の地に刻まれた歴史についても紹介する。

2　城跡の立地と環境

位置　飛山城跡は、宇都宮市の中心部から東方へ約七キロ、竹下町地内に位置する（図3）。

この城跡の所在する竹下町は、一九五四（昭和二十九）年の「昭和の大合併」以前には、芳賀郡清原村大字竹下であり、古代・中世においてもこの地は芳賀郡に属していた。

この城を築いた芳賀氏は、天武天皇の子舎人親《とねりしん》王《のう》を祖とする一族で、清原高重《たかしげ》のときに花山天皇の怒りに触れて下野国大内庄鹿島戸（現在の真岡市京泉《きょうせん》）に配流され、ここに住んだといわれている。この近くには芳賀郡衙が所在し、当時はこの辺が芳賀の中心地であった。

一〇七六（承保三）年に、その子孫の高澄《たかずみ》がここから南西約四キロの芳賀の里若色曠地《わかいろこうち》に居城を築き、芳賀氏を称するようになったという。この城が御前城であると推定されるが、建久年間（一一九〇～九八）に高親《たかちか》が築いたとする説もある。

そして、永仁年間（一二九三～九八）に、御前城から北北東約一四キロの鬼怒川沿いに高俊《たかとし》が飛山城を築いたとされる。

また、十四世紀のなかごろには飛山城主芳賀高

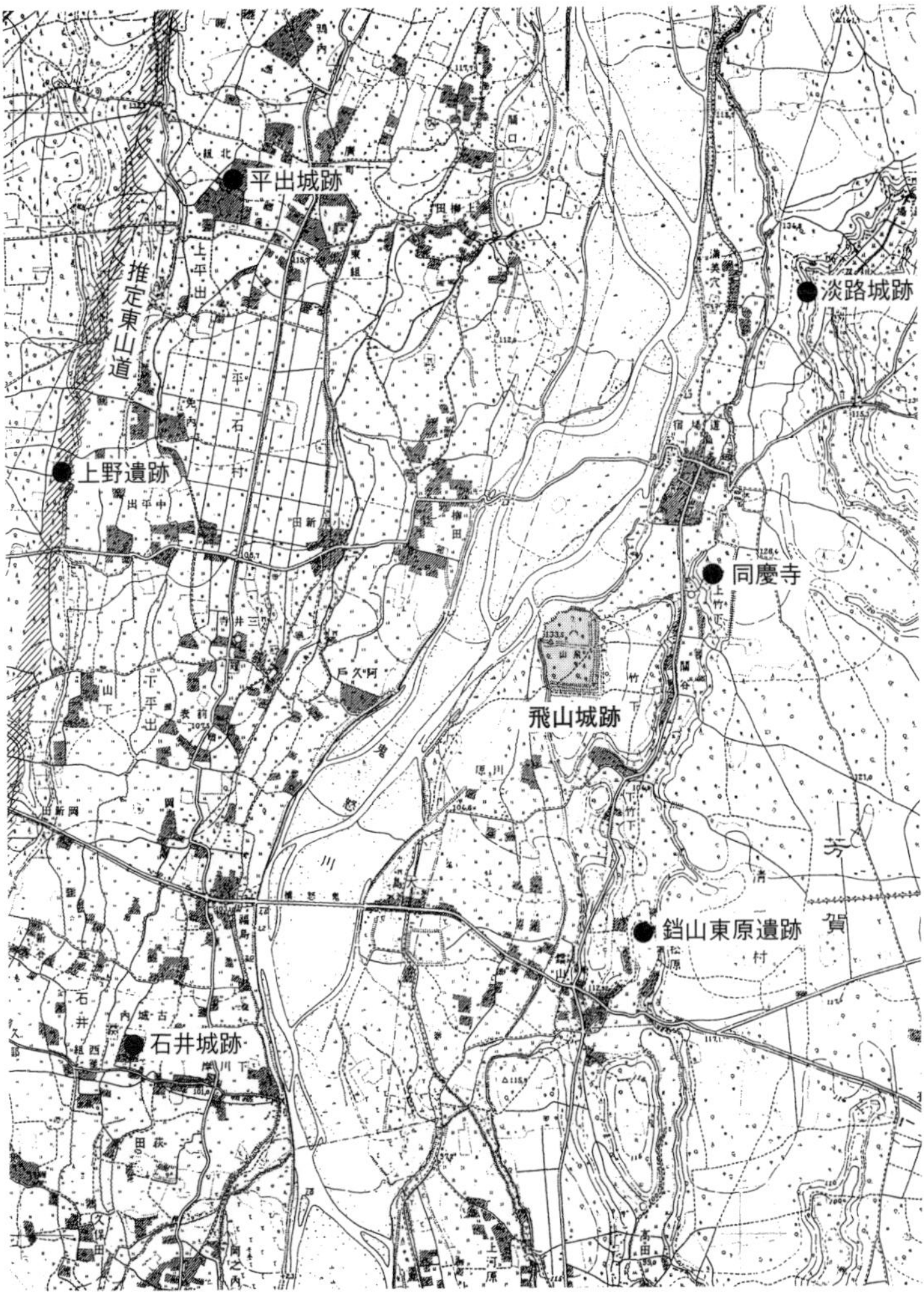

図３　周辺遺跡分布図

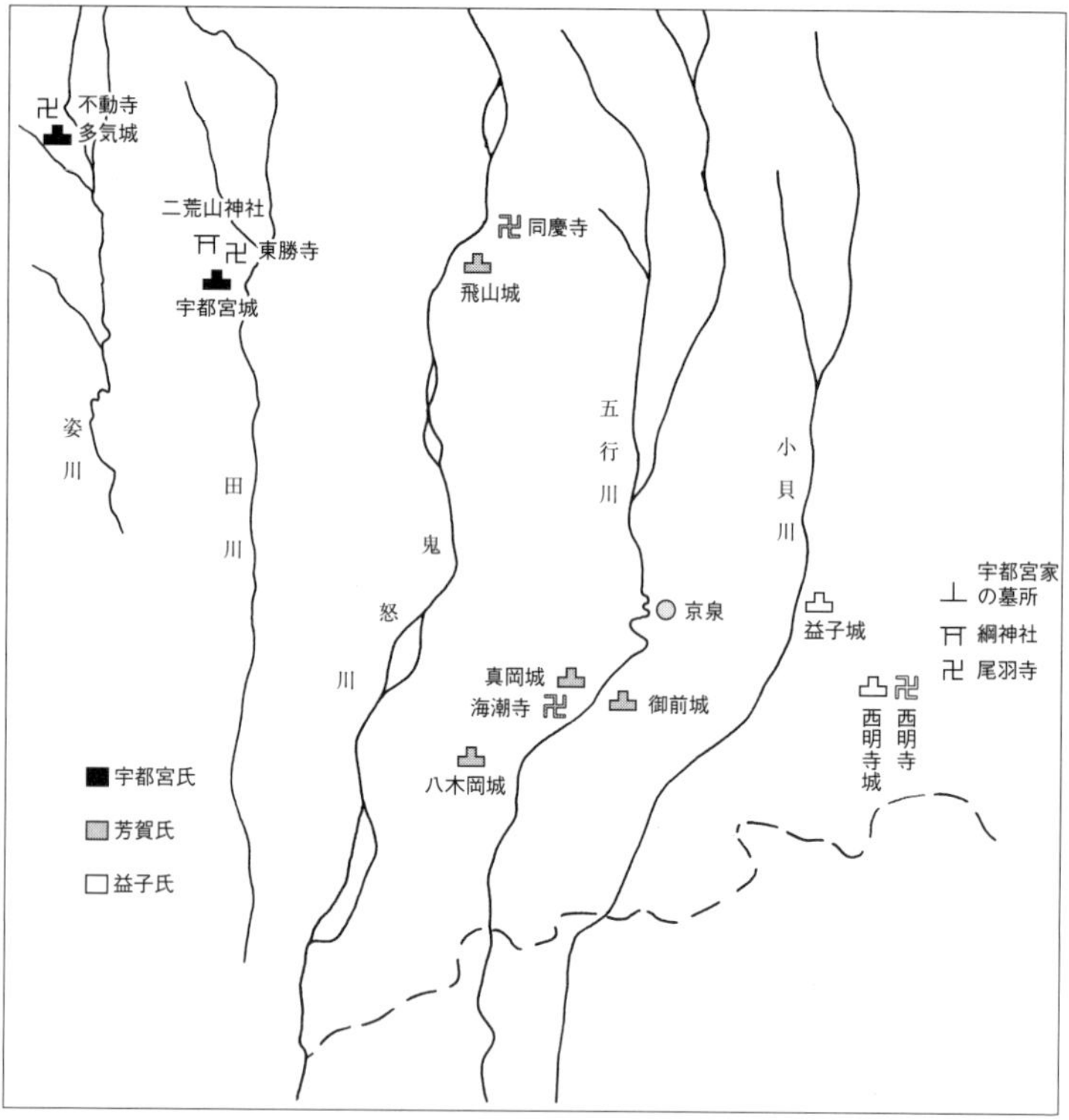

図4　宇都宮・芳賀・益子の主な城と寺社

家の子高清《たかきよ》が氏家郷勝山に拠点を置いている。

　後に芳賀氏の居城となる真岡城（芳賀城）は、十四世紀のなかごろの高貞《たかさだ》築城説と、一五七七（天正五）年の高継《たかつぐ》築城説がある。いずれにせよ中世後半にはこの城が芳賀氏の拠点となる。

　なお、芳賀氏は宇都宮家中において「御宿老中」という重臣の立場にあたり、主君とともに政務を掌っていたことから、宇都宮城下にも屋敷を構えていたようである。これを裏づけるものとして宇都宮城本丸南門が「伊賀門」とよばれ、「芳賀伊賀守」に因んだものであると江田郁夫は指摘する。

以上、芳賀氏の支配領域は、現在でいうと真岡を中心として、北はさくら市勝山周辺、南は真岡市八木岡周辺で、南北約三〇キロの鬼怒川左岸ラインを掌握していたことがわかる。ちなみに飛山城—真岡城・御前城間が約一四キロ、飛山城—勝山城間が約一三キロとほぼ同距離で、飛山城—宇都宮城間はその半分の約七キロである。

図4は、宇都宮氏・芳賀氏・益子氏のおもな城と寺社の位置を示したものである。飛山城跡の北東方約七百メートルには芳賀高俊が建立したとされる同《どう》慶寺《けいじ》がある。境内には一四基の五輪塔《ごりんとう》や宝篋印《ほうきょういん》塔《とう》からなる芳賀氏累代の墓碑があるほか、一三〇〇（正安二）年～一三六一（康安一）年にかけての板碑が存在する。

芳賀氏の領域の鬼怒川を挟んだ西側には、主家にあたる宇都宮氏がいた。

宇都宮氏は、関白藤原道兼《みちかね》流を称し、平安時代のなかごろに前九年の役の功績により二荒山神社

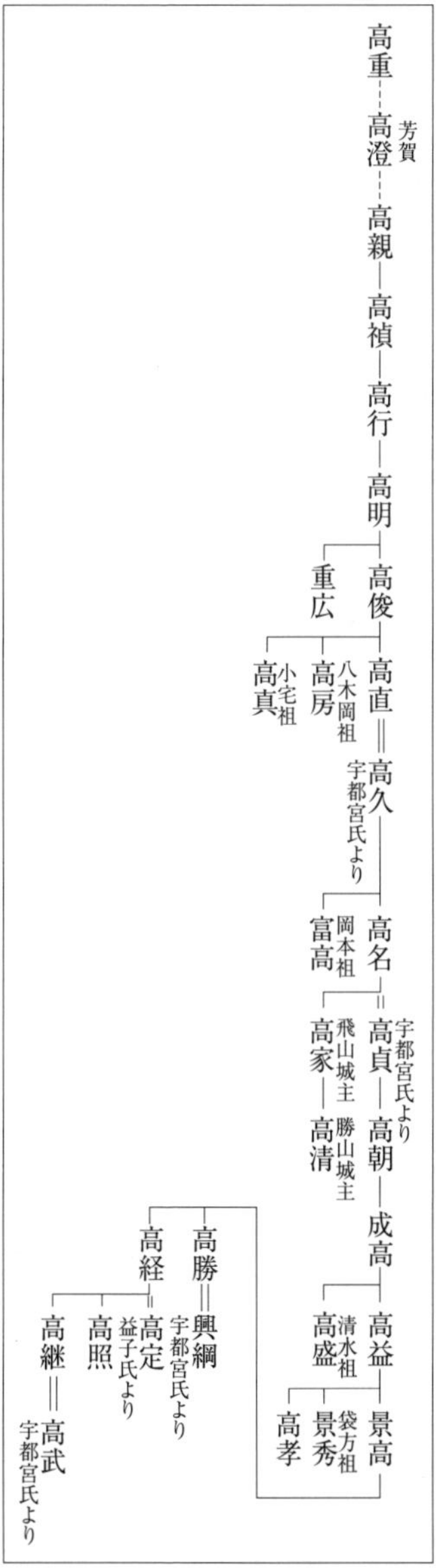

図5　芳賀氏略系図

図６　城跡から見た宇都宮市街と山なみ

の社務職として、初代宗円が任ぜられたとある。そしてこの宗円《そうえん》が宇都宮城を築城したといわれている。

小貝川を挟んだ東側には、芳賀氏とともに宇都宮氏の両翼を担った益子氏がいた。益子氏は紀氏を名乗り、芳賀氏（清原氏）とともに「紀清《きせい》両《りょう》党《とう》」とよばれていた。

なお、後述するが、宇都宮氏二代宗綱《むねつな》の母は紀（益子）正隆《まさたか》の娘とされ、三代朝綱《ともつな》は上大羽《かみおおば》の地に隠居し、後にこの地が宇都宮家の墓所となる。

また、図５の略系図からわかるように、芳賀氏は高久《たかひさ》、興綱《おきつな》、高武《たかたけ》など宇都宮氏からの養子を向かえ、宇都宮一族の一員といえる。

このように、下野国中央から南東部にかけては、中世を通じて宇都宮一族が支配した。

立地　この城跡は、栃木県の中央を南流する鬼怒川によって形成された河岸段丘上に立地している。鬼怒川と城跡の比高は約二〇《メートル》を測り、見晴らしのよい高台となっている。また、この段丘は宝積寺台地ともよばれ、この台地が大きく鬼怒川寄りに迫り出した場所に城が築かれている。

図7　川舟イラスト

城跡の西崖～北崖にかけての遠望は絶景で、宇都宮市街が一望できるほか、その奥の日光連山や那須連峰の山々を見ることができる。

このような地形が、城を築く場所として占地されたばかりでなく、後述する旧石器時代の遺構や古代の「烽家《とぶひや》」が設置される大きな要因となったことは間違いないであろう。

もう少し微細に地形を見ると、城跡の東方約五〇〇《メートル》には、鬼怒川の支流により開折された谷が入り、また、南側にも開折谷が入ることから、宝積寺台地から独立した島状となっている。

このことを考慮すれば、城の指定範囲は、外堀（6号堀）により囲まれた約一四《ヘクタール》であるが、城として機能した範囲は、この独立した台地全体であったと思われる。

現在、東側の開折谷のなかを国道四〇八号（真岡―高根沢線）がとおっている。服部英雄は、この谷のなかにある「関谷」という屋号に注目し、中世に関所があった可能性を指摘している。芳賀氏が中世において支配した領域を考えれば、真岡―飛山―勝山を繋ぐルートがあったことは確実で、飛山東側の開折谷のなかをとおっていたと考えられる。

また、服部は「かし」についても注目してい

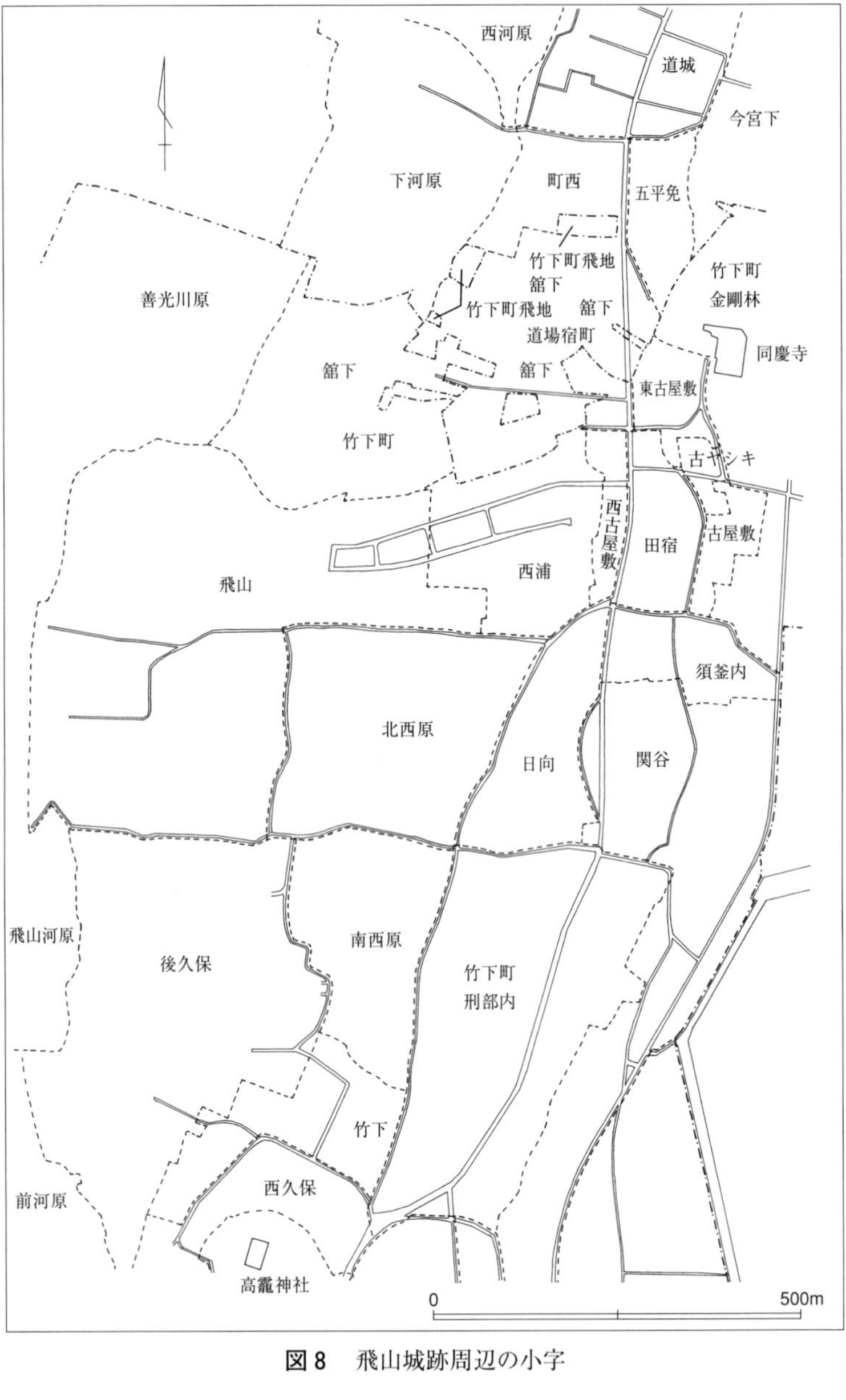

図 8　飛山城跡周辺の小字

る。この周辺には、近世になると、板戸河岸《いたどかし》、道場宿《どうじょうじゅく》河岸、石井河岸、桑島河岸など、次々とこの周辺に河岸が整備され、江戸時代から一八八五（明治十八）年の鉄道開通までは、主要な物資輸送を担っていた。

文献史料から確認することはできないが、中世においても鬼怒川を使った物資輸送が行われていた可能性は高い。

このようにしてみると、飛山城がここに築かれた理由の一つは、陸路と水路を押さえる要衝の地であったことに起因すると考えられる。

Ⅱ　旧石器時代の飛山

1　思いがけぬ発見（その一）

一九九九（平成十一年）年度に行った第Ⅸ次調査の際に、6号堀の外側斜面の断面で、旧石器時代の遺構が発見された。

栃木県埋蔵文化財センターの中山晋が発掘現場見学の際に堀の壁面に土坑を発見、さらに同センターの上野修一・森嶋秀一が現地を視察し、旧石器時代の遺構としては今のところ県内でいちばん古い例であり、北関東においても二か三番目に古い遺構ではないかと指摘した。また、断面だけの観察では遺構の性格が特定できないので、科学的な分析や平面的な調査の実施の要望があった。

これを受けて、同センターの車塚哲久に協力を依頼し、断面の剥ぎ取りを行ったほか、古環境研究所の協力により土壌のサンプリングを行った。

さらに、笠懸野岩宿文化資料館の小菅将夫にも現状を見てもらい、①箱根西麓を中心に二万六～七千年前の落とし穴遺構が見つかっているが、本遺跡出土の遺構はそれをさらにさかのぼるものであること。②もし落とし穴遺構と確認されれば現

図9　2カ所の土坑

時点で日本最古級の確認例となるのではないかとのコメントをもらった。

なお、遺構の性格を判断するための平面的な調査については、今回の調査目的が、中世飛山城跡の実態解明であることから、文化庁との協議の結果、堀を壊してまで旧石器時代の遺構を調査するという判断にはいたらなかった。

これらの指導および指摘事項を踏まえて、二〇〇〇（平成十二）年二月十五日に報道機関に資料を提供し、同月二十日に現地説明会を行った。

当時は、後に旧石器捏造問題で揺れた秩父の遺跡群の調査が行われていた時期と重なり、本遺跡出土遺構についてはさほど大きな話題とならなかった。しかし、先のコメントにあるように、層位学的には、ブラックバンドと鹿沼軽石層の間で掘り込まれた土坑であることは間違いなく、約三万年前という国内でも古手に属する遺構の発見

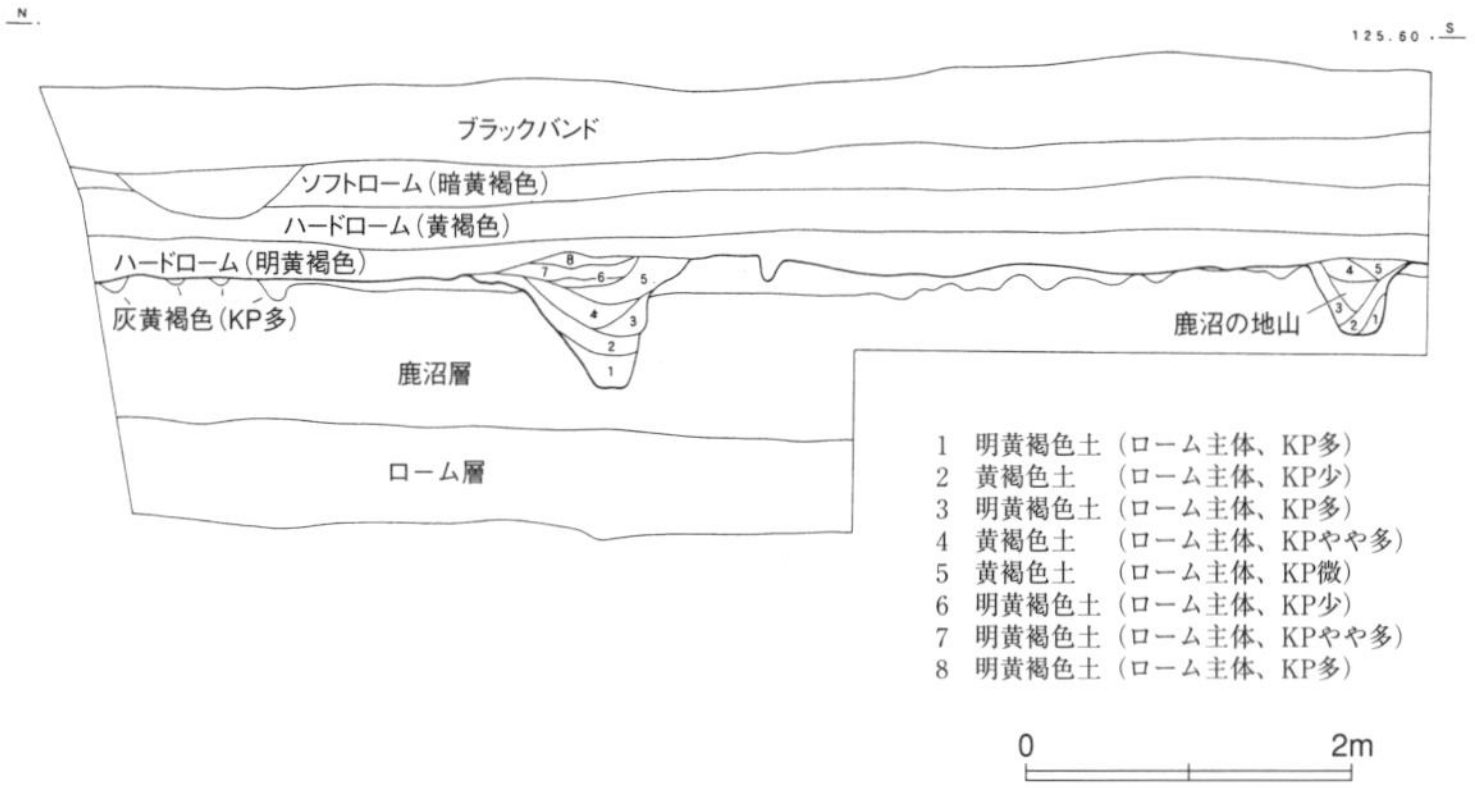

図10　土坑セクション図

は、もう少し注目されてもよかったかもしれない。

2　発見された土坑

遺構についてもう少し具体的に述べてみる。

土坑は壁面上で二カ所確認されている。その規模は、北側の土坑が上幅約一・三メートル、下幅〇・二メートル、深さ〇・八メートル、南側に四・五メートル離れたところの土坑が、上幅約〇・六メートル、下幅〇・二メートル、深さ〇・五メートルである。中世の堀によって偶然切られた断面であることから、この規模がそれぞれの土坑そのものの規模を表しているとはいえない。とくに南側の土坑は、断面を少し削ると鹿沼軽石層の地山になることから、土坑の壁際の部分が断面にかかって見えているものと思われる。埋土状況は、両土坑とも自然に埋まった状況を示すレンズ状堆積である（図10）。

次に地形的な位置関係を見てみる。

三万年前の地形、とくに西崖の鬼怒川沿いはその後の侵食や崩落があり当時の地形の復元がむずかしいが、台地上はさほど今と大きな差がないものと思われる。

図11は、飛山城跡ののる台地の地形断面図であるが、全体的には城の西から東側にかけて地形が傾斜していることがわかる。そして、西崖付近が標高一三〇メートルであるのに対し、東西断面の変換点とある場所で標高一二六メートルとなり、大きく傾斜が変換することがわかる。この傾斜が下がりきった地点で土坑は見つかっている。

また、植物珪酸体分析や花粉分析の結果、土坑の覆土下層からネザサ節などの竹笹類が確認された。メダケ属（ネザサ節）は温暖の指標であるとされ、土坑が開口していた当時は比較的温暖で亜間氷期にあたり、ナラ類やハンノキ属などの落葉広葉樹林が遺跡のまわりにあったことが分析によりわかっている。

平面的な調査所見が得られていない段階で、この遺構の性格を断定することはできないが、以下の三点から、陥穴《おとしあな》状土坑（落し穴土坑）の可能性が高いと考えられる。

まず第一点目であるが、京都文化博物館の鈴木忠司の研究によれば、陥穴状土坑の深さは、八〇センチ前後を下限とし二メートルを越すものまであり、長さは八〇センチ〜二メートルがほとんどで、AT下位層準の土坑の平面形は円形で、断面が筒状ないしはバケツ状を呈するとのことである。本遺跡の二つの土坑のうち、南側は中軸線上の断面ではないので判断しづらいが、北側の土坑は、規模的には他で見つかっている陥穴状土坑の規模の範囲内であり、断面形状も群馬県勢田郡赤城村の勝保中ノ山《かつほなかのやま》遺跡3

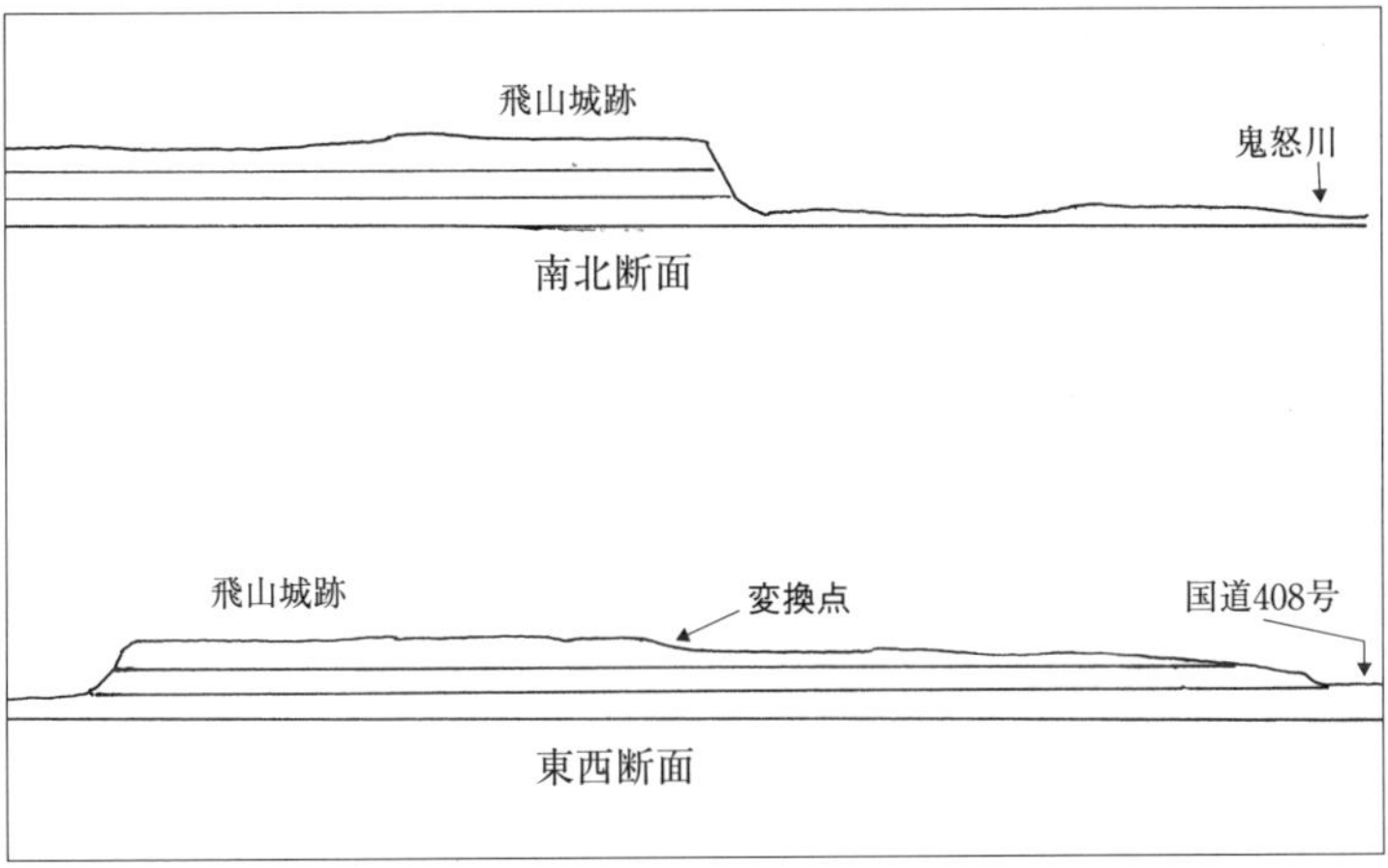

図11　地形断面図

号土坑や静岡県三島市八田原遺跡5号土坑等と類似する。

第二点目として、本遺跡の土坑は二つとも自然堆積であり、他で見つかっている陥穴状土坑のほとんどが自然堆積である点で共通する。

第三点目として、地形的に落ち際の場所に一定の間隔をおいて複数の遺構が見つかっている。

なお、陥穴状土坑と判断される遺跡での確認された遺構の数は、一基〜一〇数基と幅があるが、部分的な調査が多く、どこまで実態を示しているかわからない。静岡県三島市初音ヶ原《はつねがはら》遺跡では、六〇基の土坑が確認され、一〇メートル間隔で四列に並んで確認されている。本遺跡の場合もこの二基だけでなく、等高線に沿って数基〜一〇数基が並んでいた可能性がある。

3　県内の後期旧石器時代の遺跡

ここで、簡単に県内の後期旧石器時代の遺跡について概観する。

二〇〇七年現在で、県内の旧石器時代の遺跡は、二四一遺跡を数える。本県の旧石器時代遺跡調査の端緒となったのが一九六一年の芹沢長介による真岡市磯山《いそやま》遺跡の調査である。この遺跡の調査は、三次にわたり行われ、その結果、ナイフ形石器、彫器、局部磨製石斧などが出土している。

その後、一九八〇～九〇年代にかけての大規模開発にともなう調査により、小山市寺野東《てらのひがし》遺跡や佐野市上林遺跡などで面的調査が行われ、層位的な文化層の確認や面的な石器ブロックの確認がなされた。また、遺跡の数も増加し、県内の編年研究も進んだ。

このような調査や研究が進展するなかで、一九九九年に飛山城跡で旧石器時代の遺構が発見された。県内では、その後、陥穴状土坑が茂木町中根遺跡でも見つかっている。

近年では、チャートの原産地遺跡である栃木市向山遺跡の調査や黒曜石の原産地遺跡である高原山原産地遺跡群の調査などがあり、原産地遺跡の解明が進んでいる。

ここで、最新の研究成果である森嶋秀一の研究成果にもとづいて飛山城跡出土の土坑について考えてみる。

図12は、森嶋による県内の後期旧石器時代の編年案である。これに飛山城跡の土坑の時期を当てはめると、層位的には暗色帯と鹿沼軽石（Ag―KP）の間となり、森嶋Ⅰ期に位置づけられる。この時期は、ナイフ形石器出現以前の段階と位置づけられ、台形様石器や石核石器などが出土する。

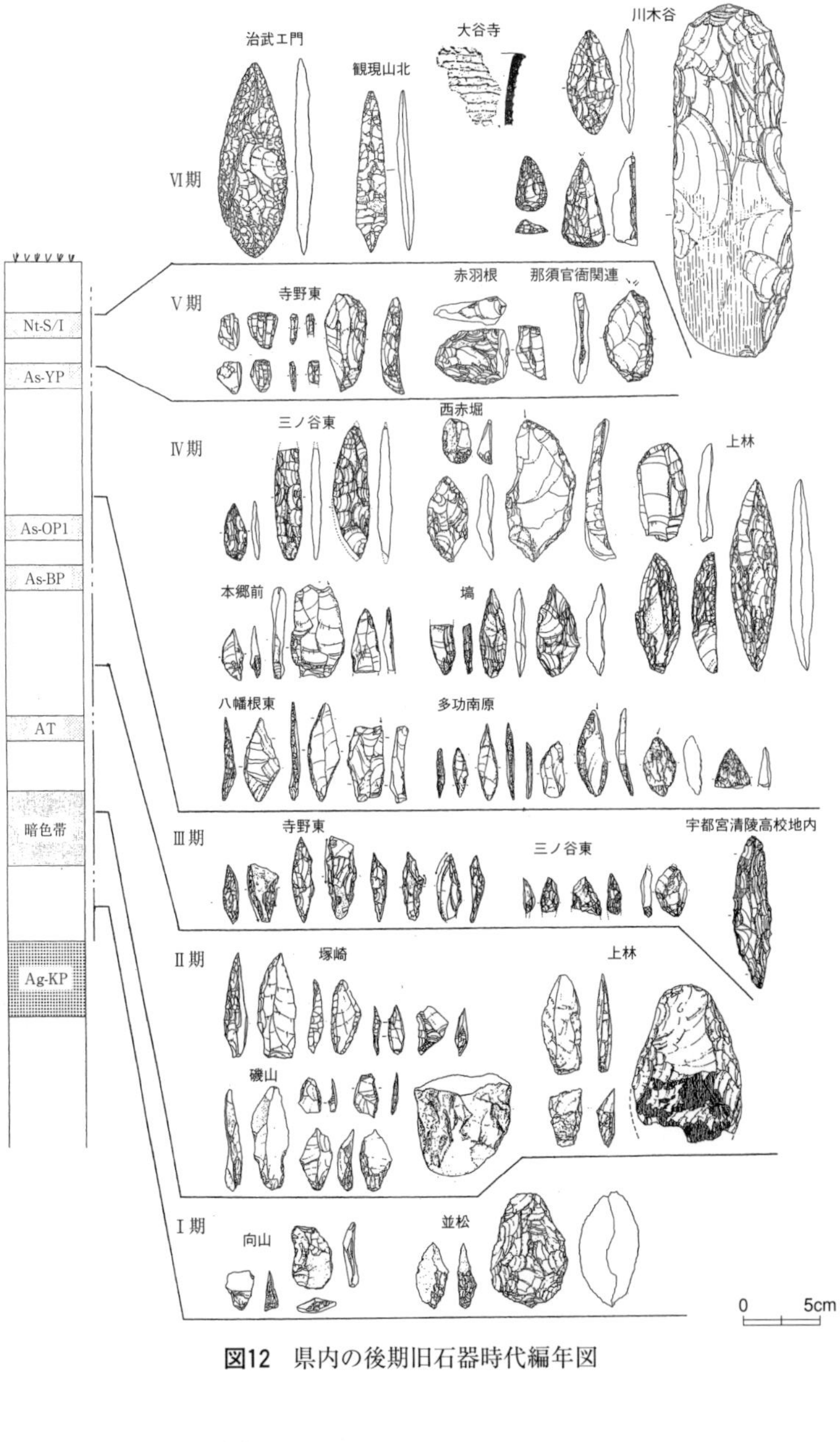

図12　県内の後期旧石器時代編年図

この時期の遺跡はかぎられ、茂木町並松遺跡Ａ地点、栃木市向山遺跡Ⅳ層、小山市寺野東遺跡第一文化層がある。

今回の飛山城跡内出土の土坑からは、石器は確認されなかったが、右に上げた遺跡から出土した遺物が出土する可能性がある。

なお、実年代を検討するにあたっては、自然科学の分野であるテフラの研究の援用が有効である。最近の町田洋・新井房夫の研究によれば、鹿沼軽石（Ag—KP）は四万五千年以前に赤城山の噴火により降下したものとされ、暗色帯の上層で確認される姶良丹沢火山灰（ＡＴ）は二万六千～二万九千年前とされる。また、国立科学博物館の馬場悠男は、およそ四万～三万年まえに初期アジア人の一部が北や東アジアに拡散し、日本列島に到達したとする。

現在、前期旧石器の存否については賛否両論があるが、日本列島で確実に最古といわれているのが南関東武蔵野台地のＸｂ層（約三万五千年前）出土の石器とされている。

これらのことから、飛山城跡内出土の土坑の年代は、およそ三万年前のものと考えられる。

Ⅲ　古代の飛山

1　思いがけぬ発見（その二）

一九九五（平成七）年度の調査において古代の竪穴住居跡が数軒確認された。そのなかの一軒（後に烽《とぶひ》関連の建物跡とわかる）は、長辺で七・五メートル、短辺で四・六メートルの長方形で、それまでの調査で確認された中世の竪穴建物と遺構確認状況が非常に似通っていたため、当初は中世の建物跡と思い調査を始めた。

ところが、調査を進めていくうちに古代の遺物が出土しカマドも確認されたことから、古代の遺構であることがわかった。

そして、その年の調査も中盤に差し掛かった十一月の下旬に、いつものように水洗いされた土器を見ていたところ、内面に墨書された一点の土器が目に止まった。

その土器に書かれた字は二文字で「家」という字はすぐにわかったが、その上の字が判然とせず、虫偏に夆とも、火偏に夆とも見えた。前者の場合は「蜂家」であり、後者の場合は「烽家」となる。また、旁の「夆」も「夅」と見え、どのよ

図13　のろしの実演写真

うな字になるのかこの時点では判断がつかなかった。

そこで後日、古代の文字に詳しい栃木県埋蔵文化財センターの田熊清彦に土器を見てもらったところ、偏はその運筆から火偏で「烽家」と読めるのではないかとのことであった。さらに田熊の上司である橋本澄朗の取り計らいにより、墨書土器研究の第一人者である国立歴史民俗博物館の平川南に土器を見てもらい、「烽家」で間違いないことが確認された。そしてこの文字が、文献史料には見られるが、考古資料としては初めての発見であったことから、一躍注目を浴びることになった。

この結果を受け、宇都宮市教育委員会は、一九九六（平成八）年三月一日に「古代国家の軍事的な通信制度であった烽にかかわる遺跡が発見された」と記者発表し、三月九日に現地説明会を行っ

艾　藁　生柴

図14　のろしの材料写真

た。

さらにこれがきっかけとなり、平川南と國學院大學の鈴木靖民が中心となり、その年の九月十四日・十五日に「古代国家とのろし」と題するシンポジウムが開かれることになった。シンポジウム一日目は、のろしの実演（図13）と現地見学会が行われた。この実演では、のろしがどのようにあげられたかを演出するだけでなく、実際にどのくらいの距離までのろしが見えるかを検証する作業も行った。

材料（図14）は、『軍防令《ぐんぼうりょう》』に規定されているヨモギ・ワラ・生柴《なましば》（杉や檜の青葉のついた生木）を用意し、丸太を井桁《いげた》状に組んだもの（一号のろし台）と単に材料を円錐状に組んだもの（二号のろし台）の二台ののろし台を使って実験を行った。

また、『軍防令』に夜は火をあげることが規定されていることから、『和漢三才図絵《わかんさんさいずえ》』を参考にハネツルベ式の櫓《やぐら》を組んで火をあげる実験も行った。実験の結果は、小雨交じりの天候であったこともあり、約五キロ地点までしかのろしを確認することができなかった。

なお、その後も数回にわたり実験を行っているが、感覚的には規定にあるような二〇キロ先まで見ることはむずかしいように思われる。

2　烽の歴史

弥生時代の中・後期において、西日本を中心として高地性集落が営まれる。佐原真は、紫雲出の調査からこの遺跡が「防砦・見張台・烽台」の役割を果たした可能性を指摘する。

『日本書紀』六六四（天智天皇三）年の条に、防人とともに対馬嶋・壱岐嶋・筑紫国に「烽」が置かれたことが書かれている。これは、前年に朝鮮半島で起こった白村江の戦いで日本軍が負けたことがきっかけであった。

その後、律令体制下で烽に関する詳細が『軍防令』に規定され、緊急連絡通信網が全国的に整備されることになる。この法令のなかには、烽家の組織体制・烽家の設置箇所・烽火の挙げ方・烽火の材料などの「烽」に関する規則が定められている。

烽の設置箇所について文献上で確認できるものは、高安《たかやす》烽・高見《たかみ》烽・春日《かすが》烽など宮都周辺や出雲国・豊後国・肥前国の風土記に記載されている烽など西日本にかぎられている。

なお、『万葉集』では「射駒山　飛火が嵬に萩の枝を」、『古今和歌集』では「春日野の　とぶひののもり　いでてみよ」と、烽のことが歌に詠み込まれている。

表1　のろしの主な歴史

西暦	のろしに関する主な出来事	関連事項
2～3世紀	高地性集落が西日本を中心に展開する。	倭国大いに乱れる。
247年		倭女王卑弥呼が狗奴国と争う。
663年		白村江の戦いで唐・新羅連合軍に敗れる。
664年	防人と烽を設置	
701年		大宝律令制定。
710年		平城京に遷都。
712年	河内国の高安烽を廃止して、大和国に高見烽・春日烽を設置。	
740年	藤原広嗣の乱に際し、兵を招集するためにのろしをあげる。	
780年	多賀城、伊治公呰麻呂の乱により炎上。	
789年	蝦夷征討軍敗れる。	
794年		平安京に遷都。
799年	大宰府管内以外は烽を停廃する。	
801年	坂上田村麻呂、蝦夷を平定。	
878年	元慶の乱。	
894年	出雲と隠岐に烽を復置。	
1274年		文永の役
1281年		弘安の役
1294年	蒙古再来に備えて、壱岐・肥前大島・鷹島の間でのろしを上げるよう命令が出される。	
1580年	後北条領国内において敵船を見つけた場合にはのろしを上げるようにとの命令が出される。	
1598年	豊臣軍、朝鮮国内にのろしのルートを設定。	
1637年		島原の乱
	松平信綱の提案により、長崎発着ののろしが設置される。	
1719～1720年	佐賀や天草でのろしを再整備。	
1808年	のろしを再整備。	フェートン号事件
1853年	紀州半領分紀州有田郡山保田組の村人に狼の糞を集めさせる。	米使ペリーが浦賀に来航。

また、七四〇年（天平十二）年には、藤原広《ふじわらのひろ》嗣《つぐ》の乱に際し、兵士を動員するために烽が実際に使用されたことが、『続日本紀』に書かれている。

七九九（延暦十八）年に、大宰府管内以外は停廃するようにとの太政官《だいじょうかん》符《ふ》が出されており、国家的緊急連絡網である烽制はその後衰退する。

なお、八九四（寛平六）年に寇賊による侵入に対し、出雲と隠岐の両国にふたたび烽燧《ほうすい》が置かれており、必要に応じて区間限定で再置されていることがわかる。

中世以降になると、その必要性に応じ限定された地域でのろしが使用されている。鎌倉時代には、元の再来に備えて壱岐を起点にのろしが整備されている。また、戦国時代になると、武田氏ののろしのネットワークは有名であるが、その他にも後北条氏や文禄慶長の役の際に朝鮮国内において秀吉軍がのろしのルートを設定するなどしている。さらに江戸時代には、表1にあるように、国外との貿易の窓口である長崎を中心にのろしが整備され、外国船の来訪に備えた。

3　墨書土器発見の意義

表2は、『軍防令』とその基となった唐兵部式とを比較したものである。

瀧川政次郎は、両者の詳細な比較をし、烽に勤務する人員体制が小規模であり、烽間の距離も離れていることなどから、「唐にくらべ緊張を欠き、疎漏かつ小規模」であるとし、さらに「我が朝廷は蝦夷に対しては曾つて烽を置いてその来襲に備えたことがなかったようであって、わが国の烽はすべて唐・新羅および渤海に対して備えたものである」と指摘している。

また、先にも紹介したように、文献史料や烽に

表2 唐と日本の烽制対比表

	唐（兵部式）	日本（軍防令）
烽間の距離	30里ごと	40里ごと
烽の上げ方	昼は烟（けむり）、夜は火を上げる。	左に同じ
賊への対応	馬歩兵50以上500未満の場合は、烽１炬（こ）を上げる等。	別式に定める。
勤務体制	烽帥１人、烽副１人、烽子６人が属し、烽帥は常勤。	烽長が２人で３つの烽を担当し、烽子４人。
勤務体系	烽子は２年交代	烽子は３年交代
火炬の配置	たがいに25歩（約45m）離しておく。	左に同じ
火炬の構造	葦の上に乾いた草を用いて節をしばり、その節の周辺に松明（たいまつ）をさしはさんだもの。	左に同じ
烟を上げるための材料	ヨモギ、ワラ、生柴（なましば）	左に同じ

関連する地名（たとえば「火の山」「焼火山」など）が西日本に片寄っていたことや、元来の設置目的が大陸からの敵の侵入に対してであったことからも、この瀧川の考え方が従来の日本の烽制の通念とされてきた。

ところが、東日本の下野国芳賀郡飛山の地で「烽家」と書かれた墨書土器が出土したことにより、その通念は再考を迫られることとなった。すなわち、烽の設置は西日本ばかりではなく、全国的に設置されていた可能性がでてきたこと、また、その設置の目的も、大陸だけを意識しているのではなく、東北の蝦夷《えみし》も対象としていたのではないかという点である。

この点について佐藤信は、「職員令（第七十条大国条）において、すべての国司に該当する職掌として『烽候』が明記されているということは、律令の一般的な性格からいっても、烽の存在が全国的なものであることを示しているとみてよかった」とし、東日本を含めた全国的な烽の設置の可能性を指摘する。また、平川南は、従来の地名や地形による烽跡の比定に対し、「飛山」という地名が「烽（とぶひ）」と関連することや飛山のような段丘であっても烽の比定地になりうるとし、烽の占地やその候補地に対する新たな知見を加えた。

さらに、『肥前国風土記』に書かれている「烽家」が「烽處」の誤りであるとの解釈に対し、今回の墨書土器が発見されたことにより、旧南葵文庫本および猪熊本の「烽家」の記載が正しかったことも証明された。

このように、たった一点の土器ではあるが、「烽」研究の新知見を加えただけでなく、今までの歴史的な解釈の修正を迫る大きな発見となった。

4　発見された古代の遺構

それでは、実際に飛山で発見された遺構がどのようなものであったかを紹介する。

一九九五（平成七）年度の調査につづき、翌年度は古代遺構の広がりを確認する目的で調査を行った。その結果、図15で示すような南北約一五〇メートル×東西約一〇〇メートルの範囲内に一二軒の竪穴住居跡と一棟の掘立柱建物跡が確認された。

すべてを面的に調査したわけではないので、完全に古代の遺構を把握しているわけではないが、城跡内は一〇〇本を越えるトレンチを設定し、かなり細かに確認しており、この地区以外では古代の遺構が見つかっていないことから、図15に示すような見晴らしのよい西崖寄りに古代の遺構が集中していることはほぼ確定的である。

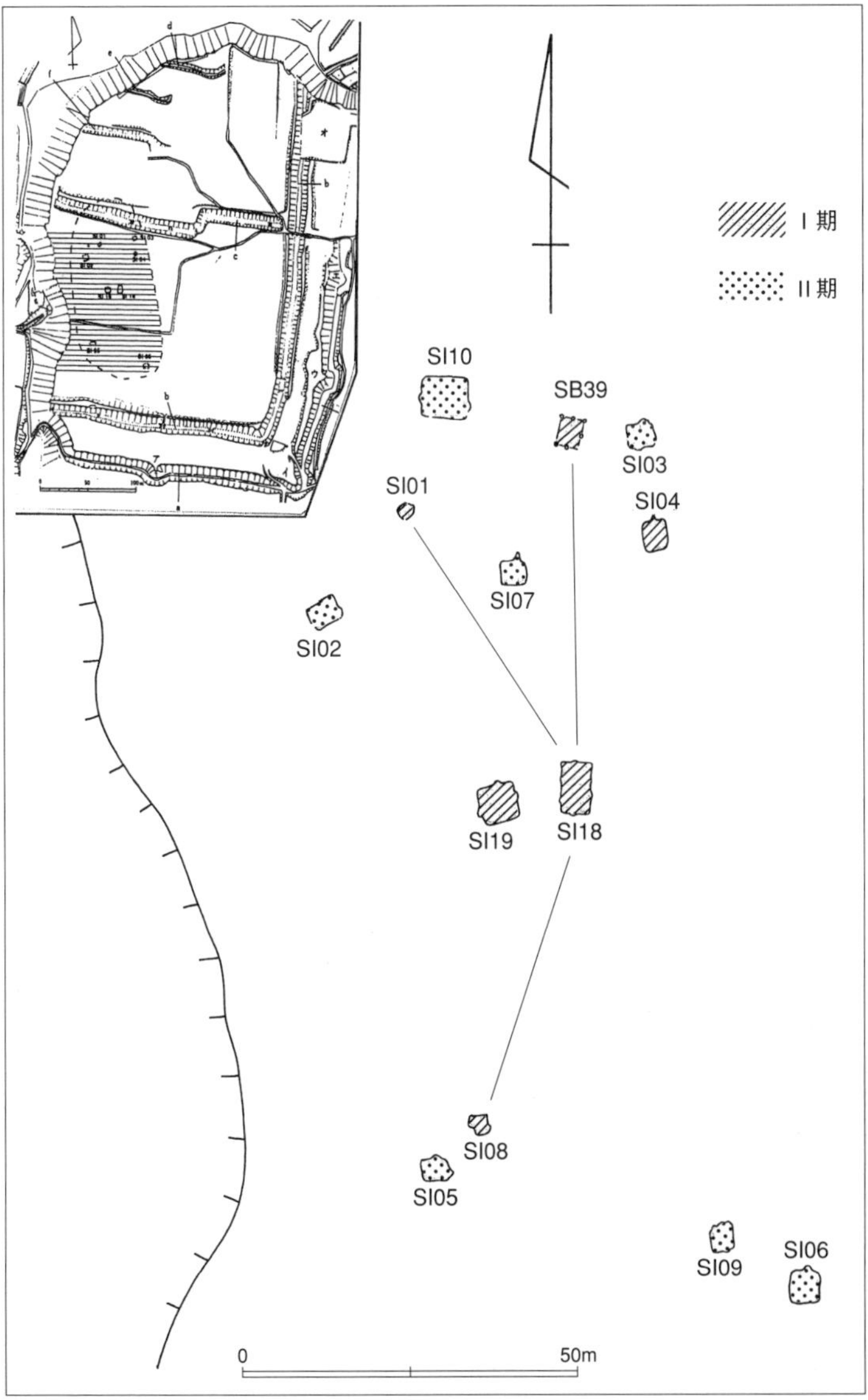

図15　古代竪穴遺構配置図

表3　竪穴住居跡一覧

遺構番号	平面形	規模（m）	柱穴	備考
SI01	方形	2.4×2.2	1	
SI02	長方形	3.8×4.7		墨書土器「大」
SI03	方形	3.7×4.2	2	
SI04	方形	3.7×3.5	2	鉄製刀子1
SI05	方形	3.2×4.2	2	墨書土器「門上」
SI06	方形	4.4×4.5	1	墨書土器、土錘5
SI07	長方形	3.6×3.9		墨書土器「大」、土錘1
SI08	不正形	2.8×2.9	1	
SI09	方形	3.5×3.5		鉄製鎌1、転用硯
SI10	長方形	6.2×7.2	6	墨書土器「男」、鉄製刀子2、紡錘車1
SI18	長方形	7.5×4.6	10	墨書土器「烽家」、転用硯（？）、紡錘車1
SI19	方形	5.0×5.6	6	鉄製刀子、灯明皿、1回の建替え
SB39	長方形	4.8×3.6	8	灰釉陶器蓋

一二軒の竪穴住居跡の概要は表3のとおりである。これらの住居跡は土器の検討から二時期に分かれる。Ⅰ期はＳＩ０１・ＳＩ０４・ＳＩ０８・ＳＩ１８・ＳＩ１９・ＳＢ３９の竪穴住居跡五軒と掘立柱建物跡が一棟で、八世紀末～九世紀初頭の頃と考えられる。Ⅱ期はＳＩ０２・ＳＩ０３・ＳＩ０５・ＳＩ０６・ＳＩ０７・ＳＩ０９・ＳＩ１０の竪穴住居跡七軒で、九世紀中葉と考えられる。両時期とも五～七軒と小規模である。

それではもう少し具体的に各時期の様相を見てみる。

Ⅰ期　この時期は、住居跡の規模が大（ＳＩ１８）・中（ＳＩ０４・ＳＩ１９）・小（ＳＩ０１・ＳＩ０８）に分かれ、その中心にＳＩ１８が位置する。図15に示すように、そのＳＩ１８から約五〇メートルとほぼ等間隔の位置に、ＳＩ０１・ＳＩ０８・ＳＢ３９が位置する。

とくに、ＳＩ０１とＳＩ０８は一辺二～三メートルと非常に小型の竪穴であるが、その割に川原石を使用したしっかりしたカマドが備え付けられている。

　出土遺物は、須恵器坏・蓋・高台付坏、土師器坏、甕のほか、鉄製刀子、灰釉陶器《かいゆうとうき》蓋《ふた》である。須恵器は益子産と新治《にいはり》産で、土師器甕は武蔵型と常総型、灰釉陶器は猿投《さなげ》産である。さらにＳＩ１８からは、墨書土器「烽家」が出土しているほか、転用硯《てんようけん》の可能性がある須恵器盤片が出土しており、他の竪穴にくらべ優位性がうかがえる。

　なお、出土土器の年代について概略を述べると、益子産の須恵器は法量や調整などから古ヶ原《こがはら》入《いり》窯段階と考えられ、新治産の須恵器は、器高／口径が〇・二八～〇・三五で、調整が体部下端手持ちヘラ削り、底部が二方向の手持ちヘラ削りであることから、赤井・佐々木分類三類にあたると考えられる。参考までにＳＩ１９から出土した炭化物を使ってＡＭＳ法による年代測定を㈱古環境研究所に依頼して行った結果、暦年較正年代、紀元後六五〇～七八〇と予想より古い年代結果が得られた。

Ⅱ期

　この時期は、住居跡の規模が大（ＳＩ１０）・中（ＳＩ０２・ＳＩ０３・ＳＩ０５・ＳＩ０６・ＳＩ０７・ＳＩ０９）に分かれる。このなかで北西部に位置するＳＩ１０がこの時期の中心的な建物となる。その他の竪穴は、あまり規則性が見られないが、北グループ（ＳＩ０２・ＳＩ０３・ＳＩ０７）と南グループ（ＳＩ０５・ＳＩ０６・ＳＩ０９）に分けられる。

　出土遺物は、須恵器坏・蓋・高台付坏、土師器坏、甕のほか、鉄製刀子、鎌である。土器の器種構成は、Ｉ期とほとんど変わらないが、益子産の須恵器の法量や調整などから滝《たき》ノ《の》入《いり》窯段階と考えられる。

なお、七軒中五軒の竪穴から墨書土器が出土している点は注目される。とくにＳＩ０５の「門上」は、この遺跡を考える一つの材料となる。仲山英樹によれば、墨書土器「門」の多くは、「郡衙以下の官衙関連遺跡」もしくは「村落内寺院や大規模集落をも含めた、いわゆる富豪層など有力農民の居宅」と考えられる遺跡から出土しているとのことである。この研究成果と、先に述べた小規模な遺跡であることを考え合わせると、この遺跡の性格を「郡衙以下の官衙関連遺跡」とする結論を導き出すこともできる。

　以上Ｉ期とⅡ期の竪穴の構成状況を見たが、とくにＩ期のＳＩ１８を中心に中小の竪穴がそれを取り巻く様相は、一般的な集落にくらべ特異な在り方を示す。Ⅱ期は、ＳＩ１０の規模および竪穴構造がやや特異であるが、他の六軒が一般的な竪穴と共通する。このことからＩ期からⅡ期にかけて遺跡の性格が変化した可能性も考えられる。

5　特異な竪穴建物

次に「烽家」墨書土器を出土したＳＩ１８について、少し細かく検討してみたい。

　この竪穴は、平面形が長軸七・五メートル、短軸四・六メートルの長方形で、東側にカマドをもち、この時期の竪穴としては比較的大型に属する。柱は壁際に二間×三間に配置され、竪穴内は北側に一本のみ棟《むね》持《も》ち柱《ばしら》がある、いわゆる宮本長二郎のいう「壁《かべ》立式《だちしき》竪穴住居」である。なお、この竪穴の中央部床面より「烽家」墨書土器が見つかっている。

　栃木県内での壁立式竪穴住居跡の出土例は、縄文時代前期の根古谷台遺跡Ｊ―20例や縄文時代後期の竹下遺跡例など、縄文時代の遺構に宮本ｂ型が見られる。また、古墳時代の出土例は、さくら

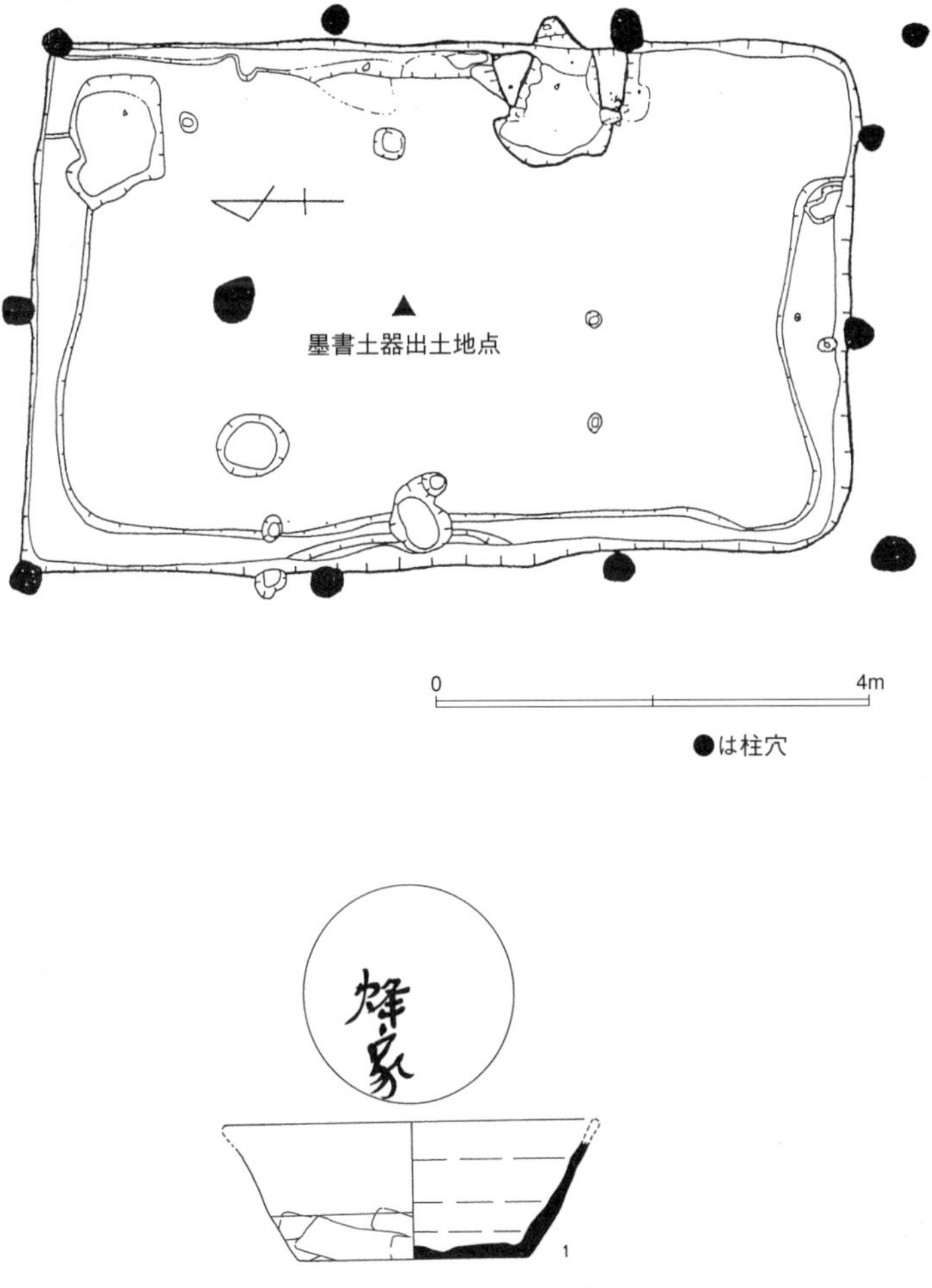

図16　SI18と「烽家」墨書土器

図17　SI18

市四《し》斗《と》蒔《まき》遺跡1号竪穴や矢板市堀越遺跡で、方形の溝により区画された、いわゆる「居館跡」内から、壁柱穴をともなう大型の竪穴住居（宮本d型）が確認されている。

そして、本遺構と同じ時期の奈良・平安時代になると、d型の遺構が前時代にくらべ数量的に多くなる。宮本によれば、「奈良・平安時代にはd型が壁立式竪穴建物の主流となって東北地方に普及した」とのことである。

図18は、飛山ＳＩ１８と同じ奈良・平安時代の壁柱穴をもつ竪穴を、壁柱の位置などを参考に分類したものである。また、表４は県内の壁立式竪穴を一覧にしたものである。ＳＩ１８の竪穴住居跡は、この分類のＤ—２類（平面形が長方形で、一本の柱穴をもち、四方の壁面には等間隔に配された壁柱穴をもつもの）に属する。

同じようにＤ類に分類された遺構は県内に四例

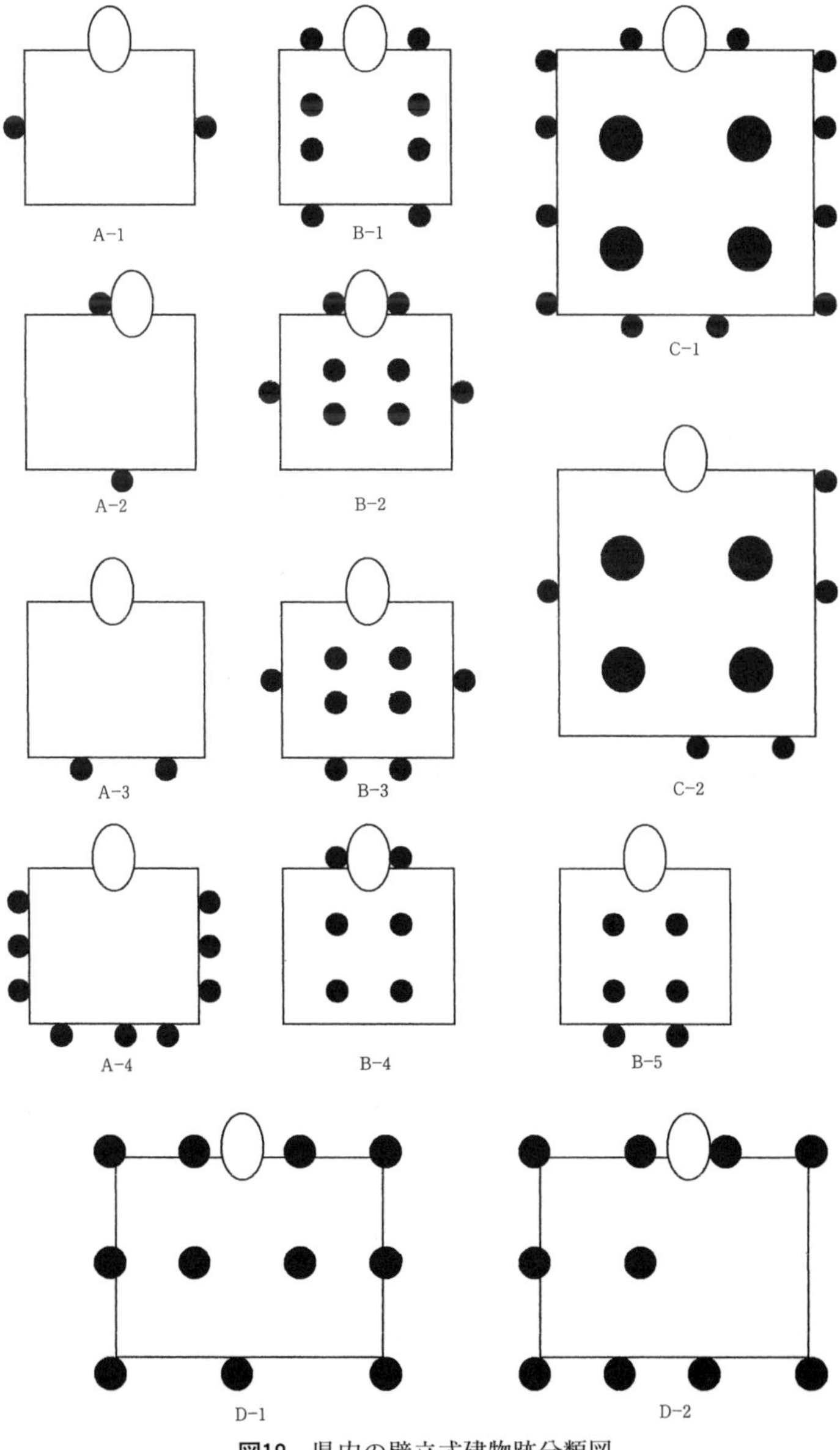

図18　県内の壁立式建物跡分類図

表4　県内の壁立式建物跡一覧表

No.	遺跡名	所在地	遺構名	規模	タイプ	平面形	主柱穴	壁柱穴	出土遺物	時期	備考
1	星の宮ケカチ遺跡	益子町	A-4号住居跡	8.2×9.7	C-1	長方形	4	16	土師器、須恵器、鉄製品、円面硯	9c前半	「南」墨書土器
			A-6号住居跡	8×9.4	C-1	方形	4	13	土師器、須恵器、鉄製品、ハート型装飾品	〃	「□家」墨書土器
			A-8号住居跡	7.5×8.4	C-1	方形	4	18	土師器、須恵器、鉄製品、石帯	〃	「南」墨書土器
2	多功南原遺跡	上三川町	SI-68A	7.1×6.8	C-1	方形	4	13	土師器、須恵器、瓦、円面硯	8c後半～9c初	「千」墨書土器
			SI-68B	8.2×8.2	C-1	方形	4	16？	土師器、須恵器	〃	墨書土器
			SI-11	4.8×3.9	D-1	長方形	2？	9	土師器、須恵器、鉄製品、転用硯	9c中葉	「千」墨書土器
			SI-60	5.6×4.6	D-1	長方形	2	5	土師器、須恵器、鉄製品、紡錘車	〃	「上」墨書土器
			SI-61	5.1×3.7	B-3	長方形	4	2	土師器、須恵器、鉄製品、瓦		
			SI-71	7.9×	C-1				土師器、須恵器、鉄製品	9c中葉	「千」墨書土器
			SI-216	6.2×3.2	D-2	長方形		5	土師器、須恵器、刀子	9c初	「門」墨書土器
			SI-359	5×3.7	A-1	長方形	0	2	土師器、須恵器、鉄製品	8c後半	
			SI-489	4×4.3	A-1	方形	1	2	土師器、須恵器、鉄製品	9c	
			SI-499	3.4×3	A-1	長方形	0	2	土師器、須恵器、鉄製品	8c	
			SI-520	5×5.1	B-4	方形	4	2	土師器、須恵器、鉄製品、瓦	8c後半	「大」墨書土器
			SI-678	6×4.7	B-1	長方形	4	2	土師器、須恵器、鉄製品	8c後半	「白」墨書土器
			SI-737	4.3×4.3	A-1	方形	0	2	土師器、須恵器	8c前半	
			SI-738	4.4×3.5	A-1	長方形	0	2	土師器、須恵器、鉄製品	8c	
			SI-739	4.9×4.3	A-2	長方形	0	2	土師器、須恵器、鉄製品、紡錘車	8c後半	「□神」墨書土器
			SI-774	4.3×4.3	A-1	方形		2	土師器、須恵器、鉄製品、紡錘車	〃	
			SI-810	6.5×6.2	B-4	方形	4	2	土師器、須恵器、瓦	〃	「千」墨書土器
			SI-814	4.3×3	A-1	長方形	0	2	土師器、須恵器	〃	
			SI-820	5.7×4.2	B-2	長方形	4	4	土師器、須恵器、鉄製品、紡錘車	〃	「白」墨書土器
3	三王山上野原遺跡	下野市	SI-01	6.9×5.4	D-2	長方形	1	9	土師器、須恵器、鉄製品	平安	「野」墨書土器
4	砂部遺跡	高根沢町	SI-62	7.2×6.8	C-1	方形	4	24	土師器、須恵器、鉄製鉸具、円面硯	9c後半	墨書土器
			SI-215	5.6×5.1	A-3	長方形	0	2	土師器、須恵器、鉄製品	9c	「宅」墨書土器
			SI-397	6.8×6.8	B-1	方形	4	4	土師器、須恵器、鉄製品	〃	「永」墨書土器
			SI-424	5.3×5.1	B-4	方形	4	2	土師器、須恵器、鉄製品		
			SI-426	6×5.5	A-4	方形	0	9	土師器、須恵器、鉄製品、円面硯	9c	「宅」墨書土器
			SI-438	5.9×6.2	B-3	方形	4	3	土師器、須恵器	9c後半	「天」墨書土器
5	小松原遺跡	大田原市	第1次6号住居跡	3.8×3.8	A-4	方形		5以上	土師器	9c後半	墨書土器
			第2次3号住居跡		C-2		4	5	土師器、須恵器	〃	
			第2次7号住居跡	7×6.6	C-2	方形	4	6	土師器、須恵器	〃	「方」墨書土器
			第2次9号住居跡	6.2×6.6	C-2	方形	4	4	土師器、須恵器	〃	「方」墨書土器
			第2次14号住居跡	6.4×6.8	C-2	方形	4	4	土師器、須恵器	〃	「中」カ墨書土器
6	免ノ内遺跡	芳賀町	第56号住居跡	4.7×4.8	B-3	方形	4	6	土師器、須恵器、鉄製品	9c	
			第58号住居跡	5.5×5.2	B-1	方形	4	4	土師器、須恵器、鉄製品	〃	墨書土器
			第72号住居跡	4.3×3.8		長方形	0	4	土師器、須恵器、鉄製品	〃	
			SI-151	5.42×4.12	A-1	長方形	0	2	土師器、須恵器	8c	
			SI-180	4.4×3.9	A-1	長方形	0	2	土師器、須恵器	〃	
7	西下谷田遺跡	宇都宮市	SI-502	4.7×3.8	A-1？	長方形	1	2	土師器、須恵器	7c後半	
8	辻の内遺跡	宇都宮市	第18号住居跡	5.1×4.8	B-1	方形	4	4？	土師器、須恵器	8c後半	
			第231号住居跡	5×3.9	B-1	長方形	2？	4	土師器、須恵器	8c前半	
			第243号住居跡	3.8×3.5	A-1	方形		2	土師器、須恵器	〃	
			第382号住居跡	3.6×		長方形	3	2	土師器、須恵器	9c前半	
9	飛山城跡	宇都宮市	SI18	7.5×4.6	D-2	長方形	1	9	土師器、須恵器、鉄製品	8c末～9c前葉	「烽家」墨書土器
			SI10	7.2×6.2	B-4	長方形	4	2	土師器、須恵器、鉄製刀子	9c中葉	墨書土器
10	上宿遺跡	那珂川町		4.5×4.5	B-5	方形	4	2	土師器、須恵器	8c中	漆紙文書

あり、とくに、三王山上野原遺跡SI—01は規模的に飛山SI18にいちばん近く、また柱配置の状況も、竪穴内に一本、壁柱穴が二間×三間と近似する。

　報告書が出ていないため詳しいことはわからないが、「野」や「万」などの墨書土器が覆土中より七七点と多量に出土しているほか、灰釉陶器皿が出土しており、一般の竪穴住居跡でないことがわかる。

　石野博信によると、「中部地方と関東・東北・北海道地方」の平安時代の竪穴住居は「その多くは二〇平方《メートル》未満の小型住居」とのことであり、床面積三〇平方《メートル》を超える飛山SI18や三王山上野原遺跡SI—01は、当時としては大型の竪穴ということになり、多功南原《たこうみなみはら》SI—68や星の宮ケカチ遺跡A—4号住居跡などと同じような、その遺跡の中核的な建物と位置づけることができる。

　県外においても、管見に触れる範囲では、飛山SI18と同じ形態のものを確認することができなかったが、富山県富山市南中田D遺跡SI—51、新潟県新津市関川谷内遺跡、新潟県津南町相吉遺跡2号住等の類似例を見ると、柱配置と作業空間確保の関係が見えてくる。

　具体的に飛山SI18でみてみると、竪穴内には北寄りに一本の柱穴しかなく、しかも、南側の柱のない部分は非常に硬くしまっている状態が観察できた。さらに、図16の遺構平面図における西壁寄りの石は、長さ三〇×幅二〇《センチ》の長方形の平らなもので、作業用に使われた可能性がある。これらの状況および先の事例などから、この柱のない部分は、作業空間として使用された可能性が高い。

　それでは、「烽家」の施設において、このような建物はどんな役割を果たしたのだろうか。

『軍防令』の（第七二条火炬条）には、火炬《かこ》十具以上を舎（建物）の下の架に積んで、雨に濡れないように貯えておかなければならないと書かれている。このことから、建物の南側の作業空間で火炬を作成し、北側の架にそれを積んで置いていたことが想像される。

以上の点をまとめてみると、飛山ＳＩ１８は、①他の壁柱穴をもつ竪穴よりも柱配置がしっかりし、竪穴の形態を考えなければ、二間×三間の掘立柱建物と同じである。②「烽家」墨書土器を出土している。③確認された竪穴群のほぼ中心に位置する。④この時期の建物としては大型である。⑤竪穴内南側に作業空間をもっている。この五点から、この建物は『軍防令』にある「舎」の可能性が考えられる。

6　「烽家」の実像に迫る

このような遺構と遺物が確認されたことにより、この場所に「烽家」が設置されていたことがほぼ確実と思われる。それでは、「烽家」とはどのような施設であったかを、『軍防令』などを参考に類推してみたい。

『軍防令』第六六条（置烽条）に、烽は原則として四〇里（約二〇キロ）ごとに置くとされている。ただし、山岳地帯など地形の変化が大きい所はそのかぎりではない。

これを飛山に置き換えてみると、南西約二五キロに下野国府、南南西約一九キロに下野薬師寺、南西約一二キロに河内郡の役所と考えられる上神主・茂原官衙遺跡、南東約一〇キロのところには芳賀郡の役所と考えられる堂法田遺跡がある。また、北東

図19　夜は火をあげる（想定図）

約二一キロには芳賀郡衙の別院とも、新田駅家とも想定される長者《ちょうじゃ》ヶ平《がだいら》遺跡が所在する。このように飛山の周囲約二〇キロ圏内には、主要な役所跡が点在する。先にも述べたように、烽の所管は国司であることからすると、下野国府方面に連絡が行くようになっていたはずであり、烽の設置の方向は、北東および南西方向となる。具体的な場所の特定はむずかしいが、『軍防令』の距離規定をそのまま当てはめれば、飛山の北東方向は長者ヶ平遺跡周辺、南西方向は下野薬師寺から下野国府にかけての間となる。

しかし、数回にわたる狼煙の実験を行った結果からすると、現在の気象条件や周辺景観の変化のなかでは二〇キロまでの距離を見通すことはできず、その半分の一〇キロ程度であれば何とか見通せるのではないかと思われる。よって、上神主・茂原官衙遺跡周辺でいったん信号を受けて、下野国府に信号を送るのが現実的な在り方のように思われる。

第六七条（烽昼夜条）では、昼ならば

烟火《えんか》、夜ならば火をあげることが規定されている。また、第七一条（置烽処条）では、火や烟《けむり》をあげる場所に置く火炬《かこ》の配置は、たがいに二五歩（約四五メートル）離して置くことが決められている。

確認調査範囲内では、焼土跡がＳＩ０１近くで一カ所確認されているが、あまり焼けた状態ではなかった。

注目したいのは、ＳＩ０１とＳＩ０８の規模と、両者の間隔である。この二軒の竪穴住居跡は、先にも述べたようにＩ期に属し、「烽家」墨書土器を出土したＳＩ１８と同時期のものである。その規模は、九平方メートル以下と非常に小規模であるにもかかわらず、川原石を使用したしっかりしたカマドをもつ。

そして、この二軒は約九〇メートル離れている。両者の間の四五メートル付近は未調査であるため断定はできないが、先の規定と照らし合わせると、この小規模の竪穴住居跡が四五メートル間隔に設置され、火炬となんらかの関係がある施設として機能していた可能性が想定される。

第六九条（烽長条）及び第七〇条（配烽子条）では、烽家の組織体制が規定されている。烽長《ほうちょう》二人が三つ以下の烽を管轄し、その下に烽子《ほうし》が四人配属される。

籾山明によれば、中国の漢代の烽燧施設には家族連れの者もいたとのことであるが、日本の場合は単身と考えられ、一烽には、四～六人がいたことになる。先に見たように本遺跡では一時期あたり六～七棟と小規模な構成であり、先の人員を収容するには十分な棟数である。

第七二条（火炬条）では、火炬の構造とそれを収納する施設について規定している。ここに出てくる火炬十具以上を雨に濡れないように積んでおく「舎」がＳＩ１８に比定されることは先に述べ

図20　脚力を使って次の烽に伝える（想定図）

たとおりである。

第七五条（白日放烟条）では、間違いなく烟や火を放つよう定められているほか、昼に曇や霧で烟が見えない場合は、脚力を使って次の烽に伝えるよう規定されている（図20）。また、第七六条（放烽条）にも、間違って伝達した場合には、その旨を所在の国司に告げ、国司は飛駅を使って中央に報告することとなっている。この二条から、もう一つの伝達手段である官道（ここでは東山道）と烽が相互補完関係にあったことがわかる。

そこで、次に下野国をとおっていた東山道についてて少しみてみたい。

7　下野の東山道事情

下野国の東山道に関しては、中山晋や木本雅康が精力的に研究を行っている。その成果を参考に

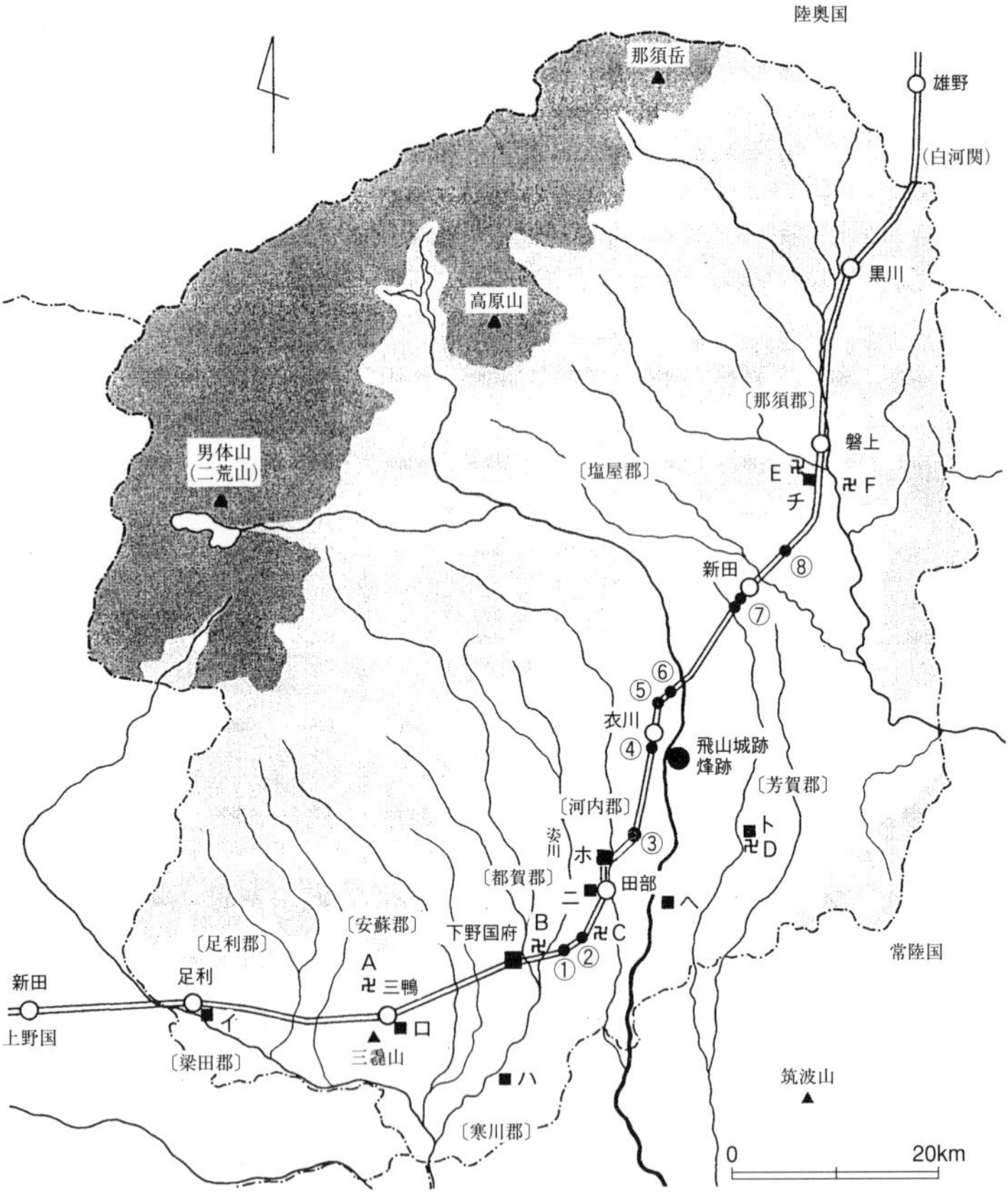

〔道路遺構確認地点〕
① 北台遺跡
② 諏訪山北遺跡
③ 東谷・中島遺跡群
④ 上野遺跡
⑤ 釜根遺跡
⑥ 日枝神社南遺跡
⑦ 鴻山地区
⑧ 新道平遺跡

〔官衙遺跡〕
イ 国府野遺跡(足利郡衙推定地)
ロ 畳岡遺跡(安蘇郡衙推定地)
ハ 千駄塚浅間塚遺跡(寒川郡衙推定地)
ニ 多功遺跡(河内郡衙推定地)
ホ 上神主・茂原官衙遺跡(河内郡衙推定地)
ヘ 中村遺跡(芳賀郡郡倉別院推定地)
ト 堂法田遺跡(芳賀郡衙推定地)
チ 那須官衙跡(那須郡衙推定地)

〔寺院跡〕
A 大慈寺跡
B 下野国分寺・国分尼寺
C 下野薬師寺
D 大内廃寺跡
E 浄法寺廃寺跡
F 尾の草廃寺跡

図21　下野国推定東山道駅路と関連遺跡

下野国の東山道を概観する。

『延喜式』に見られる「下野国駅馬」は、足利—三鴨《みかも》—田部《たべ》—衣川《きぬがわ》—新田《にいた》—磐上《いわがみ》—黒川の七カ所である。このうちの田部〜新田間は、近年の発掘調査により、具体的なルートが判明しつつある。

図21は、推定東山道として確認された遺跡を結んだものである。下野国府から東に向かって、北台遺跡・諏訪山北遺跡・三ノ谷遺跡で道路遺構が確認されている。北台遺跡および諏訪山北遺跡では、道路幅が約一二㍍の道跡が確認され、八世紀代の遺物が出土している。この方向でそのまま進めば、下野薬師寺に向かうが、そこまで行かずに進路を変えて、多功南原遺跡のある北の方向へ向かう。これは、薬師寺にいたるには途中に浅い谷が入るため、安定した祇園原《ぎおんばら》台地（宇都宮台地）をそのまま進もうとした結果と考えられる。

中世の奥大道《おくだいどう》、近世の日光街道、現在の国道四号もこの台地上を通り、道路として使用するには安定した地形であったことがわかる。

多功南原遺跡は、竪穴住居跡約四六〇軒、掘立柱建物跡一一〇棟、井戸跡九五基が確認された大規模な集落跡で、そのなかを、六・三㍍の幅をもつ道路状遺構がとおっていたことが調査で確認されている。また、大型の壁立式の竪穴建物跡が確認され、そのなかからは、青銅製の丸鞆《まるとも》や「千」の墨書土器、円面硯《えんめんけん》等が出土している。これらのことから、「駅家」説、「郷長の居宅」説、「富豪層の居宅」説、「郡司相当層の居宅」説などの諸説が提示されている。

これを三㌔ほど北上すると、河内郡衙に比定されている多功遺跡にいたる。東山道はこの河内郡衙を経由し、北上したと考えられている。なお、金坂清則は、田部駅家（金坂は田郡駅家とする）をこの遺跡の南側に存在する方形地割に比定して

図22　西刑部西原遺跡全景

いる。

さらに祇園原台地を三《キロ》ほど北上すると西下谷田遺跡にいたる。この遺跡は、南北約一五〇《メートル》、東西推定一〇八《メートル》の掘立柱塀による区画施設をもち、八脚門《はちきゃくもん》を有する七世紀後葉の河内評衙《ひょうが》に推定されている。

そしてその東方約八〇〇《メートル》の神主《こうぬし》台地上に上神主・茂原官衙遺跡がある。この遺跡は、八世紀前半に河内郡衙となり、八世紀後半には、先の多功遺跡が郡衙本院となり、上神主・茂原官衙遺跡が郡衙別院として機能したと考えられている。

中世以降の主要道は多功遺跡、西下谷田遺跡がのる祇園原台地上を北上し現在の宇都宮市街にいたるが、なぜか古代東山道は、谷を挟んで一つ隣の神主台地をとおり、田川低地にいったん下り北東方向に向かう。その理由の一つとして考えられるのは、上神主・茂原官衙遺跡の存在であろう。

図23　鴻野山地区推定東山道遺跡全景

田川に下りた東山道は北東方向に向かい杉村遺跡・磯岡北遺跡・西刑部西原遺跡（図22）といった地点をとおり北上する。この区間では、道路遺構が約四〇〇メートルにわたり確認されたほか、出土した土器などからⅠ期（八世紀中葉）・Ⅱ期（八世紀後半から九世紀中葉）・Ⅲ期（九世紀中葉以降）の三時期の変遷が確認され、Ⅲ期になると道幅が狭くなることもわかっている。

さらに北上すると、飛山の西方約二・五キロに位置する上野《うわの》遺跡につながる。この遺跡は岡本台地の東端に立地し、北東方向で確認された釜根《かまね》遺跡・日枝神社南遺跡もこの台地縁辺に立地する。なお、この上野遺跡から日枝神社南遺跡にかけての区間に衣川駅家が存在したと考えられている。

日枝神社南遺跡から先は、鬼怒川低地に下り、その延長線上で鬼怒川を渡河する。ここは現在でも国道四号がとおる新鬼怒川橋が架かり、地形的に河川敷幅が狭い箇所である（図24）。

さらにこの延長線上に南原遺跡・厩久保《うまやくぼ》遺跡がある。厩久保遺跡地内の郡界沿いをとおる小道は、「将軍道」とよばれ、以前より東山道の比定地として知られていた。一九八八（昭和六十三）年から一九八九（平成元）年にかけての調査で、約六メートル以上の道幅をもつ道路遺構が確認されている。

その厩久保遺跡に隣接して長者ヶ平遺跡が所在する。この遺跡は、上神主・茂原官衙遺跡と同様に「政庁」と「正倉院」を整然と配置した官衙跡である。ここは、古代において芳賀郡に属する。すでに芳賀郡の本院は真岡市に所在する堂法田遺跡とみられており、別院の可能性が指摘されている。また、東山道に隣接することから新田駅家の機能も含まれていた可能性も指摘されている。

厩久保遺跡の北東方約五キロに新道平《しんどうだいら》遺跡がある。ここでは幅約七メートルの道路状遺構が確認されている。さらにこの丘陵上を北東に五キロほど進むと那須郡那珂川町（旧小川町）に出る。那珂川町三輪仲町遺跡第五次調査では、溝間の幅が約五メートルの道路状遺構が確認され、奈良時代の竪穴住居跡を切り込んでいることから、眞保昌弘は「後期駅路」の可能性を指摘する。そこから式内社である三和《みわ》神社付近を北上すると那須官衙遺跡にいたる。

そして、那須官衙遺跡の南方約一四〇メートル地点では、幅約八メートルの道路状遺構が確認されており、東山道の可能性が指摘されている。

この先は、那珂川の支流箒川《ほうき》を渡河し、侍塚古墳群や那須国造碑付近をとおると想定される。

この近くにある小松原遺跡では、道路状遺構は見つかっていないものの、「寒川」「山」「方」などの墨書土器が出土し、木本雅康はこの遺跡が東

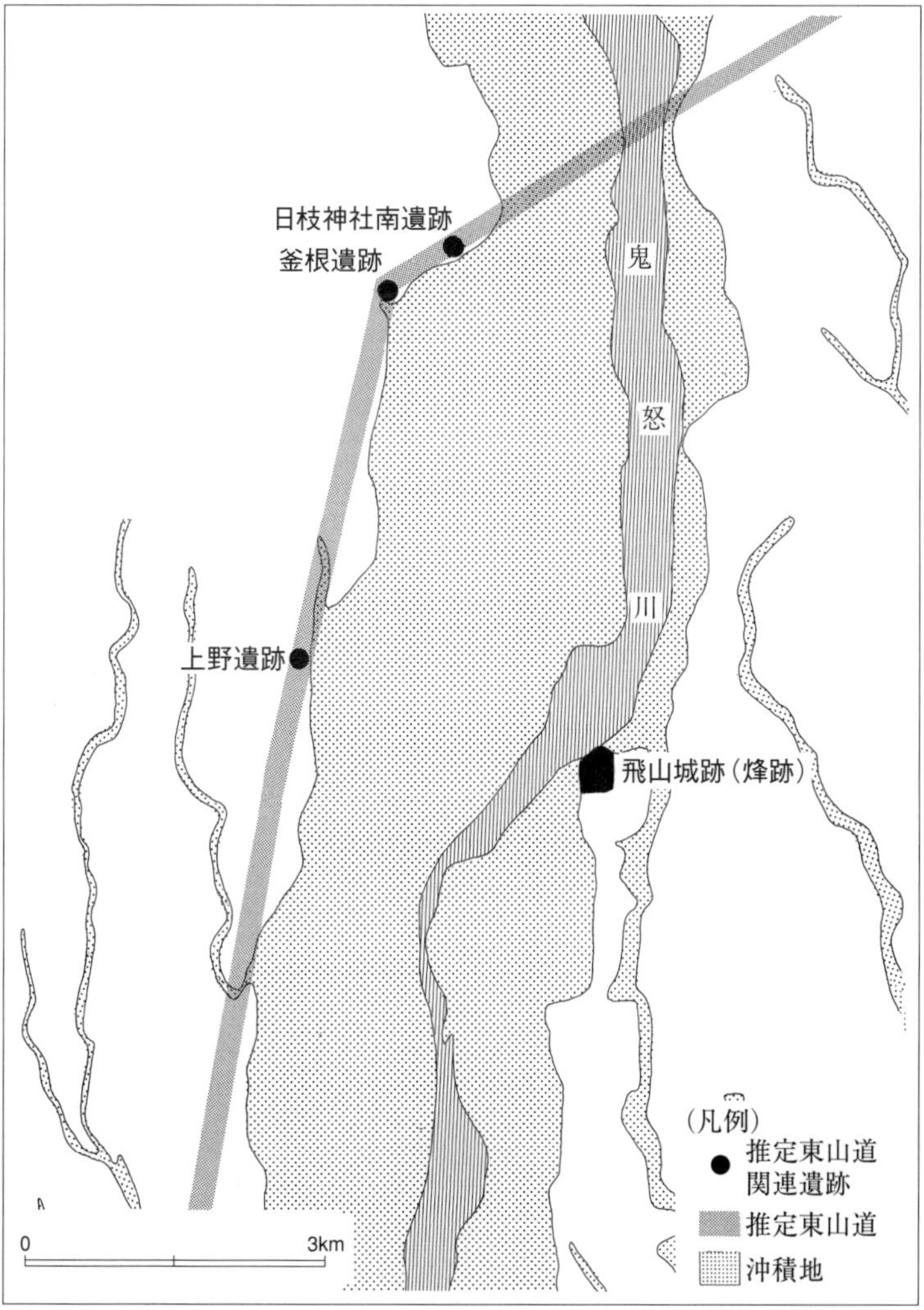

図24　推定東山道と烽跡

山道磐上駅の駅戸の集落の可能性を指摘する。

なお、この地点から先に述べた新田駅家の推定地である長者ヶ平遺跡から衣川駅家と想定される上野遺跡周辺までの距離は約一六キロであり、長者ヶ平遺跡までの距離も約一六キロ、さらにそこから田部駅家の想定される多功遺跡付近までも約一六キロである。これは、律令のなかに書かれている駅家間の距離である三〇里とほぼ一致する。

現在、東山道駅路の可能性がある遺跡として、いちばん北で確認された例は、ハッケントヤ遺跡である。ここでは、路面幅が約六メートルの道路状遺構が確認されている。これをさらに北上すると黒川駅家にいたる。黒川駅家の比定地は那須町伊王野《いおうの》の釈迦堂付近である。

このように、下野国内をとおる東山道のルートはおおむね捉えられている。そこで次にこの東山道と烽の関係についてみてみる。

8 東山道と烽の関係

烽と東山道のいずれもが緊急の連絡手段としての機能を有していたとすれば、当然のことながら両者が効率的に機能するような配置がなされたとみるのが妥当である。

それでは、飛山以外にも同様な位置関係を示す例はないのであろうか。

下野国と陸奥国の境に位置する白河の関の近くには、「飛山」という伝承の残る峰がある。また、白河の関から南西約一〇キロのところに「飛倉山《とびくらやま》」とよばれる山があり、ここから約二キロ南西の黒川と三蔵川《さんぞう》とに挟まれた付近が黒川駅家推定地である。これらのことから、この谷間を白河関に向かって東山道がとおっていたと考えられている(図25)。

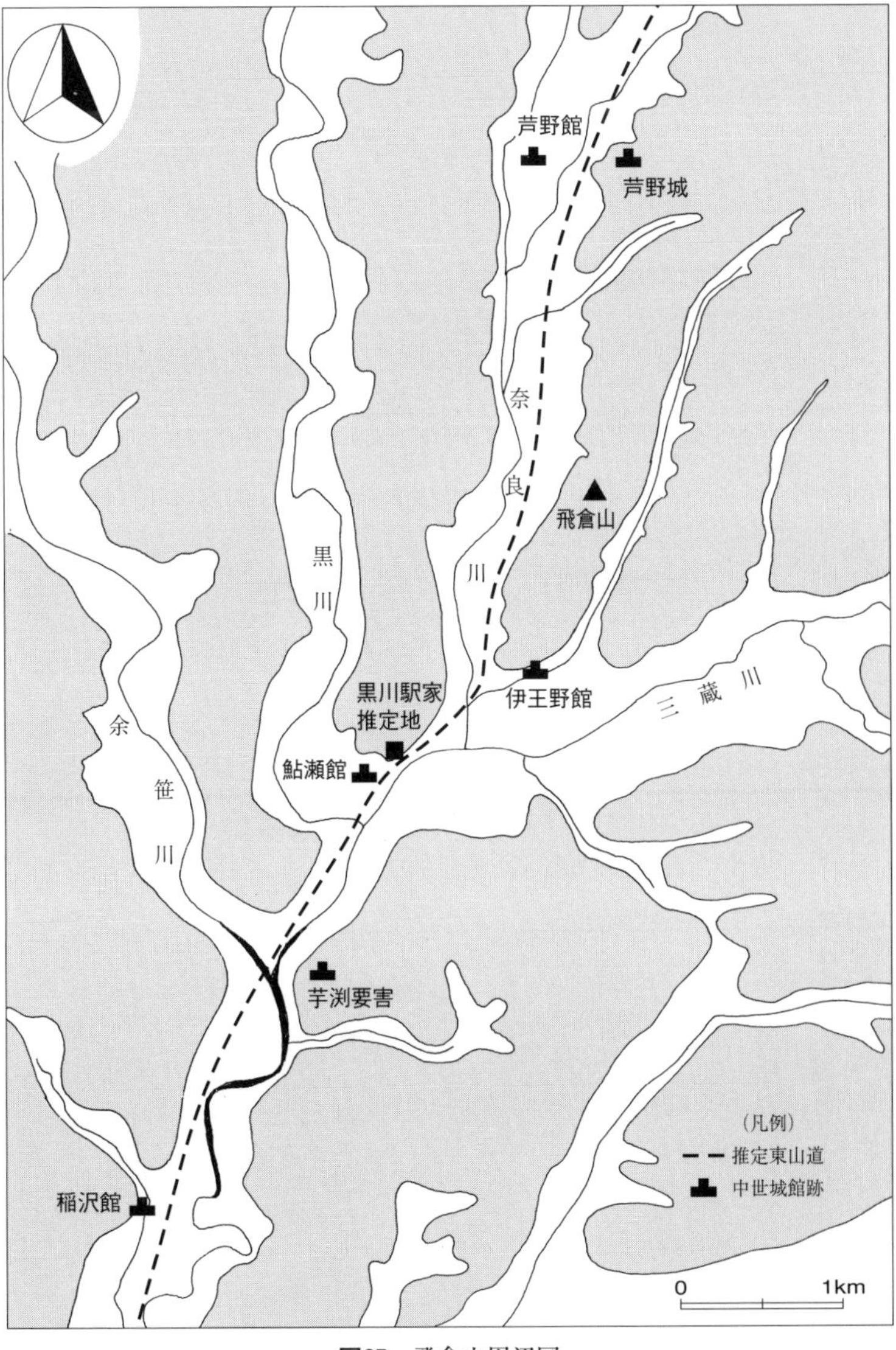
芦野館
芦野城
奈
良
川
飛倉山
黒
川
黒川駅家
推定地
伊王野館
三　蔵　川
余
笹
川
鮎瀬館
芋渕要害
稲沢館
（凡例）
推定東山道
中世城館跡
0
1km

図25　飛倉山周辺図

図26　飛倉山遠景

中世の奥大道もこの区間はほぼ同様のルートをたどっていたと考えられ、図25に示すように芦野《あしの》館や鮎瀬《あゆがせ》館などこのルート沿いには多くの中世城館跡が点在する。

なお、白河関―黒川駅家間は山間地形であり、あまり見通しがきかないことから『軍防令』にある烽の設置についての例外規定が適用された可能性が高い。

このように、東山道が通っていたと考えられる周辺に「飛山」や「飛倉山」といった「飛」の付く地名がいくつか見られる。このような目で「飛」や「鳶」の付く地名を全国的に官道の周辺で見つけていけば、他にも同様な例を見出すことができるのではなかろうか。そこでいくつか管見に触れる範囲で同様な類例を紹介する。

島根県平田市国富町の旅伏《たぶし》山は、『出雲国風土記』に記載されている「多夫志烽」に比定されているが、その南西方約一・五キロに鳶《とび》ケ《が》巣《す》山がある。

この山は標高二八一メートルで、毛利元就が築いた鳶ケ巣城として知られている。内田律雄は、旅伏山には都武自神社があり、その付近で須恵器や土師器が採集されていることから烽の可能性が高いと指摘する。この指摘どおり、烽の場所が旅伏山であったとしても、この近くに「鳶」の付く地名があることは注目される。

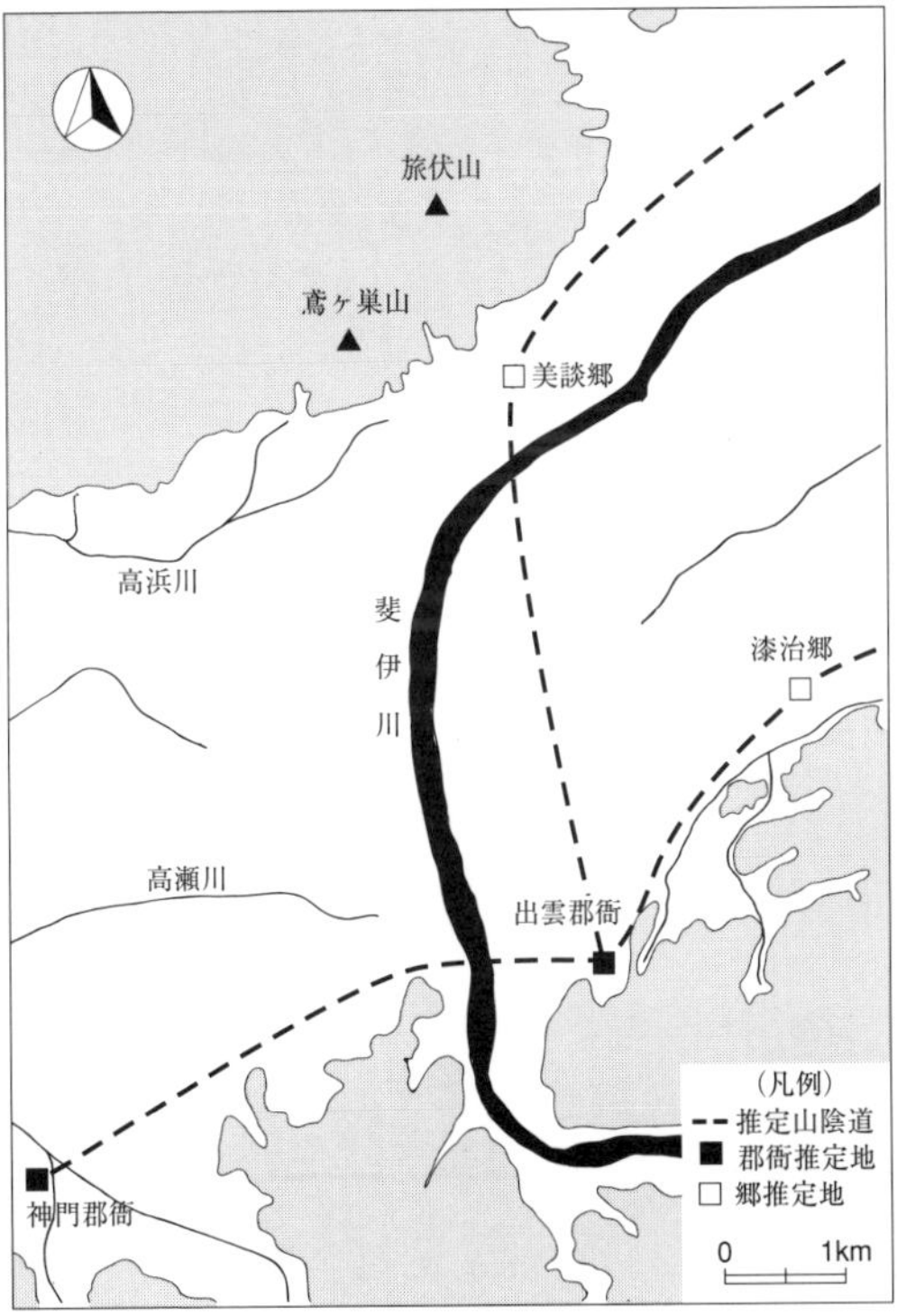

図27　鳶ケ巣城跡周辺図

なお、図27に示すように、約六キロ南に出雲郡衙、約八キロ南西に神門《かんど》郡衙がある。『出雲国風土記』によれば、神門郡家と同じ場所に狭結《きょうの》駅が併設されていたとある。さらに周辺には、漆治《しっぢ》郷（斐川町直江付近）、美談《みだん》郷（平田市美談町付近）があり、これらを結ぶように山陰道がとおっていたようである。

同じ山陰道沿いにあたる兵庫県篠山市には、飛の山城（岡谷城）という中世の城跡がある。近くには有名な篠山城があり、その北西方約一キロのところにある権現山（標高二六一メートル）にこの

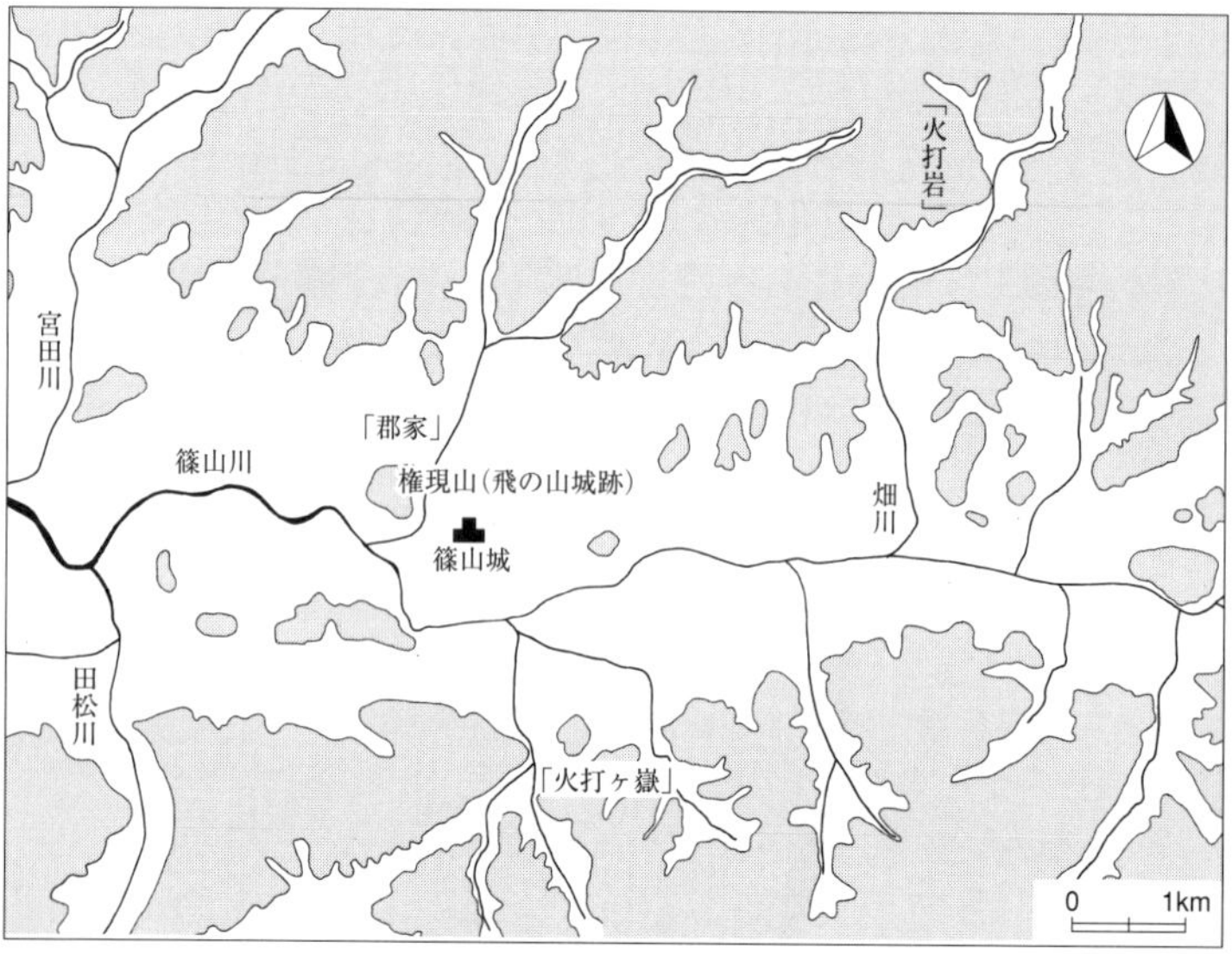

図28　飛の山城跡周辺図

城は築かれている。この城の北側には「郡家」という地名があり、古代の多紀郡の郡家の可能性が指摘されている。また、篠山市西濱谷遺跡は山陰道の長柄駅家の比定地とされており、この近くを山陰道がとおっていたことがわかる。

なお、図28に示すように、周辺には「火打ヶ嶽」「火打岩」の地名が見られ、烽を想起させる地名がこの他にも見られる。

9　「烽家」墨書土器のもつ問題点

表5の年表にあるように、七九九（延暦十八）年に大宰府管内を除いて制度上は「烽」が停止、もしくは廃止される。

先に述べたとおり、筆者は飛山城跡から出土した墨書土器の年代を八世紀末～九世紀初頭と考えている。これに対し、この土器を九世紀中頃とす

表5　東北地方の動向と烽

年号	東北地方の動向	烽
780（宝亀11）	伊治公呰麻呂の乱（多賀城の中心部が壊滅）	乱に際し、烽があまり機能しなかった。『続日本紀』
789（延暦８）	紀古佐美軍５万が多賀城に集結、アテルイと戦い大敗。	
791（延暦10）	大伴弟麻呂征東大使、坂上田村麻呂副使となる。	
794（延暦13）	10万の軍を動員、田村麻呂の指揮のもとで戦う。	
796（延暦15）	田村麻呂、陸奥出羽按察使兼陸奥守となり、さらに鎮守将軍も兼ねる。 伊治城と玉造柵の間に駅を置く。また、相模・武蔵・上総・常陸・上野・下野・出羽・越後等の国民９千人が伊治城周辺に移住。	
797（延暦16）	田村麻呂、征夷大将軍となる。	
799（延暦18）		大宰府管内以外は烽を停廃する。
801（延暦20）	田村麻呂の軍に、蝦夷側が敗れる。	
802（延暦21）	胆沢城築城。蝦夷の大首長アテルイら500人、田村麻呂にくだる。	
803（延暦22）	志波城築城。	
830（天長７）	秋田地方で地震発生、兵乱を警戒。	
839（承和６）	胆沢・多賀城の間で蝦夷数千人が武器を携え、不穏な動きをみせる。	
870（貞観12）		大宰府管内の諸国・諸島で烽の訓練が行われる。
878（元慶２）	秋田城下で元慶の乱（大規模な蝦夷の反乱）。	
894（寛平６）		出雲と隠岐の両国に烽燧が復置される。
939（天慶２）	秋田城下で俘囚の乱が起こる。	

る意見もある。よって、土器の年代観の違いにより、歴史的な解釈も微妙に違ったものになる。前者の年代観をとれば、「烽」の停廃と前後する時期となる。この時期は表5でもわかるように坂上田村麻呂の蝦夷征討時の動きと重なる。七八〇年の伊治公呰麻《これはるのきみあざま》呂《ろ》の乱後、蝦夷側と政府軍との対立はますます深まり、七八九年には紀古佐美《きのこさみ》軍が、アテルイ軍に負けている。

その後、征東副使を経て陸《む》奥《つ》出羽《でわ》按察《あぜち》使・陸奥守・鎮守将軍・征夷大将軍の四つの職を兼ね備え東北経営の最高の責任者となった坂上田村麻呂は、さまざまな取り組みを実施する。とくに、七九六年の伊治城と玉造柵との間に駅家を設置したのは、緊急の連絡体制の強化の一環である。この他にも相模・武蔵等の伊治城周辺への住民移住や、養蚕を推進するために指導者を動員する等、征夷のために硬軟取り混ぜた用意周到な施策を打ち出している。

このような田村麻呂の対応をみると、七八〇年の乱の際にあまり機能しなかった烽を整備し、緊急の連絡体制の強化を図った可能性は十分に考えられる。

後者の年代観の場合には「烽」の停廃後となる。七九九年の『類聚三代格』にある太政官符は、完全なる廃止ではなく、停止も含んでおり、その後の蝦夷の不安定な情勢や、八七八年の元《がん》慶《ぎょう》の乱の勃発などを考えると、一時的に緊急事態に備え設置された可能性も考えられる。なお、場所は違うが、八九四年には出雲と隠岐の両国に烽燧が復置された例もあり、そのときどきの情勢に応じて停止が解かれたと見ることもできる。

このような土器の年代観による問題点は残るが、いずれの場合にしても、蝦夷の動向に対して烽家が設置されたことに間違いはないであろう。

Ⅳ　中世の飛山城

1　城の構造

一九九二（平成四）年から一九九九（平成十一）年までに実施した史跡整備に先立つ発掘調査により、城の構造や遺構の変遷がわかってきた。ここではまず、曲輪や堀・土塁といった普請に関する遺構についてみてみたい。

本城跡は、東と南側を二重の空堀（5・6号堀）により防御し、北と西側を鬼怒川により守られている。そして、中央に城を北と南に分ける大きな堀（4号堀）があり、さらに北側の曲輪は三本の堀（1～3号堀）と一条の溝により五つの曲輪に分けられている（図29）。これら各堀の規模や形状を確認するために、トレンチを設定し調査を行った。その結果は表6のとおりである。

1号堀は、城の北端にある曲輪Ⅰを囲む堀で、2号堀とは畝《うね》状の掘り残しにより分断される。現状での深さは三～四㍍であるが、土層観察から人為的に埋め戻されている状況が確認され、復元すると堀底から土塁までの高さが約四～五㍍となる。比較的大きな規模の堀でありながらその曲輪

表6　堀一覧表

	上幅（m）	下幅（m）	深さ（m）	形状	総延長（m）	備考
1号堀	5	0.25	3〜4	薬研堀	70	突出部1
2号堀	5〜6	0.5	2〜3	薬研堀	260	突出部1と木橋1
3号堀	3〜4	0.5	2〜3	薬研堀	70	突出部1
4号堀	7〜12	0.7〜2	4〜5	箱堀	260	土橋2、堀障子4
5号堀	17〜19	0.7〜2	7〜8	箱堀・薬研堀	570	土橋2、4回の掘り替え、堀障子3
6号堀	14	4〜5	5〜6	箱堀	630	突出部5と木橋1

平坦面は約一〇〇平方メートルとかなり狭い。地元住民からの聞き取りでは、「北崖はもっと先の方まであった」という証言があり、曲輪Ⅰは北側に伸びていた可能性が高い。

2号堀は、曲輪Ⅲを逆L字形に囲み、南側のほぼ中央に突出部をもつ。その約一〇メートル東側で木橋跡が確認されていることから、「横《よこ》矢《や》掛《が》け」を意識したつくりとなっている。堀は1号堀よりも浅く傾斜も緩やかである。この堀には計一一本のトレンチを入れたが、すべての場所で人為的に埋め戻されている状況が確認され、復元すると堀底から土塁までの高さが約三〜四メートルとなる。また、十五世紀末〜十六世紀前葉の竪穴建物跡（ST04）を切っており、この堀がそれ以降に掘られたことがわかる。

3号堀は、曲輪Ⅱを逆L字形に囲み、南東隅に突出部をもつ。1号堀と3号堀は連結しておらず、幅五メートルの掘り残し部分があることから、この場所を虎口として使用していたと考えられる。3号堀に囲まれた曲輪Ⅱの平坦面は約四五〇平方メートルで、曲輪内に南北が二間以上の掘立柱建物が一棟建っていたことがわかっている。なお、この曲輪も先の曲輪Ⅰ同様、現状よりも西に伸びていた可能性が高い。

この堀には計五本のトレンチを入れたが、すべての場所で人為的に埋め戻されている状況が確認

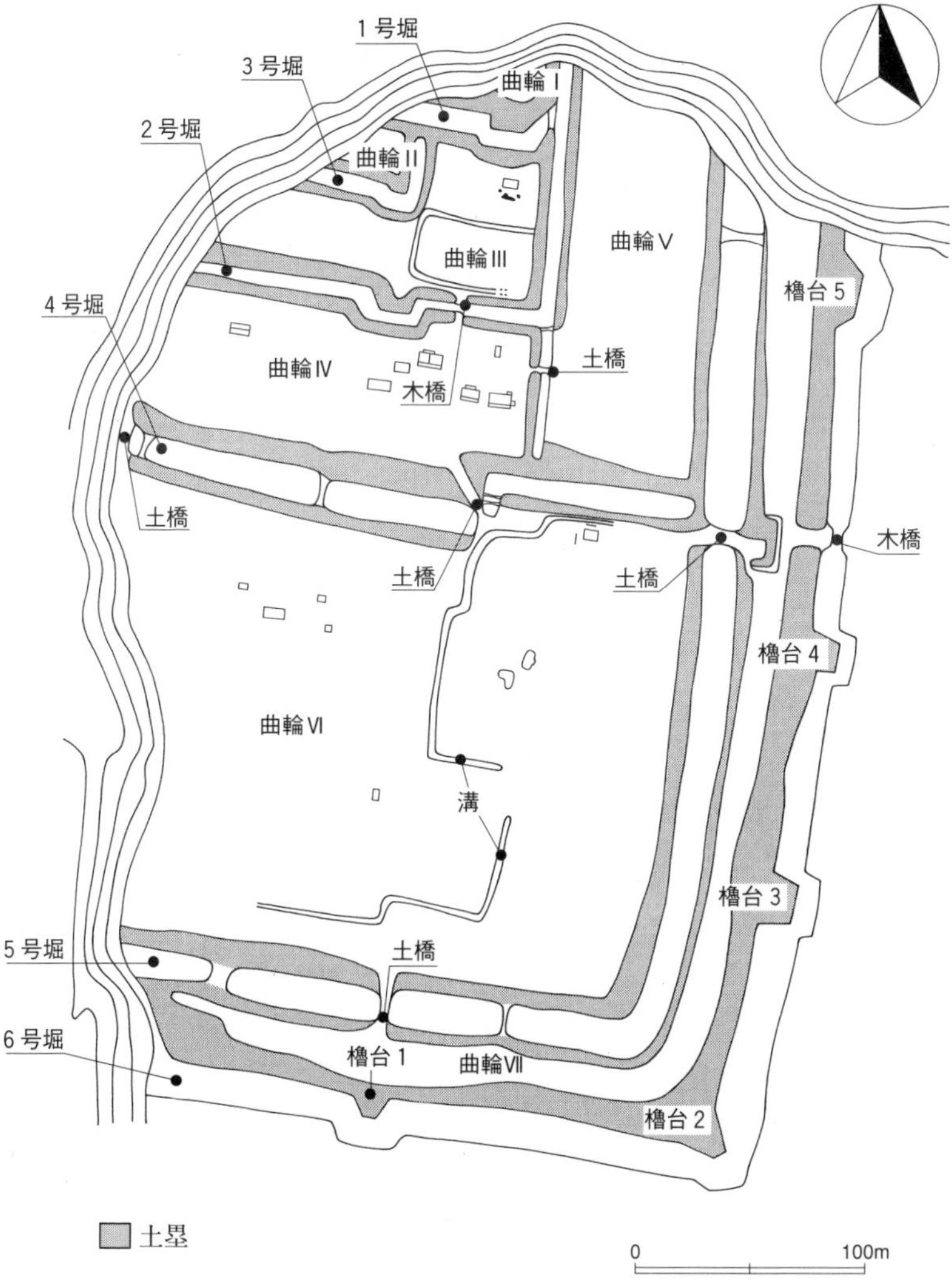
1号堀
3号堀
曲輪Ⅰ
2号堀
曲輪Ⅱ
曲輪Ⅲ
曲輪Ⅴ
4号堀
櫓台5
土橋
曲輪Ⅳ
木橋
土橋
土橋
土橋
木橋
櫓台4
曲輪Ⅵ
溝
櫓台3
5号堀
土橋
6号堀
櫓台1
曲輪Ⅶ
櫓台2
土塁
0
100m

図29　飛山城跡全体図

され、復元すると堀底から土塁までの高さが約三〜四《メートル》となる。また、竪穴建物跡（ST08）を切っている。

このように、1号〜3号堀については、ほぼ共通した形状であることから、同時期につくられ、さらに同時期に人為的に埋め戻されていることがわかる。

4号堀は、5号堀で囲まれた堀の内側を北（曲輪Ⅰ〜Ⅴ）と南（曲輪Ⅵ）とに分ける大きな堀である。ほぼ中央に鍵の手状に曲がった「折《おり》」が設けられ、その部分を掘り残してつくっていることから、この場所が土橋《どばし》として機能していたものと考えられる。また、西崖寄りの部分にも同様な掘り残しがあり、土橋と考えられる。

なお、この堀のなかには調査前に四カ所の堀《ほり》障子《しょうじ》の跡が見られたが、調査の結果、一カ所を除いてその他は後世に盛り上げられたものであることがわかった。地元住民の話によると、この場所には高射砲陣地があったとのことで、戦時中に東南方約一《キロ》のところにあった清原飛行場を守るためのものであったという。また、調査により、中央と西側の土橋付近に堀障子と考えられる遺構が新たに確認されている。

堀の埋土状況は、堀底から約四〇《センチ》が自然堆積層で、その上約二《メートル》を人為的に埋めている。自然堆積層のなかで二回の掘り直しが確認できている。また、竪穴建物跡（ST10）や土坑を壊して堀がつくられていることから、1号〜3号堀と同様に掘られ、人為堆積層の状況から、同様に埋め戻されたと考えられる。

曲輪Ⅳと曲輪Ⅴは2号堀の延長上のSD06により分かれる。SD06の中央やや北側寄りに土橋がある。

曲輪Ⅳは面的な調査を行い、東西約一八〇《メートル》、南北約六〇メートルの曲輪内に多数の遺構が確認されている（図39参照）。ちなみに、曲輪Ⅰ～Ⅲを含めた北崖までの南北方向の長さは約一八〇メートルであり、東西距離と一致する。

　曲輪Ⅴは、東西約六〇メートル、南北約一六〇メートルで、曲輪Ⅳを縦長に配置した格好である。ＳＤ０６に架かる土橋の若干北側に東西方向の区画溝があり、曲輪Ⅴをさらに北と南に分ける。この曲輪には二〇本のトレンチを入れて調査したが、とくに北側部分では後世の造成工事による撹乱が大きく、遺構はあまり確認できなかった。なお、この曲輪内では、竪穴建物跡はあまり見られず、掘立柱建物跡が中心のようである。

　5号堀は、東西方向が約二二〇メートル、南北方向が三五〇メートルである。堀内には現状で四カ所の堀障子状の遺構が見られるが、南東部のものは、内側の土塁を崩してつくられており、破却時もしくはそれ以降のものである。

　土層観察の結果、この堀は四回の掘り直しが確認できた。とくに最初の堀（以後、旧5号堀と称す）は、堀の中心が一～二メートル程現状よりも外側に掘られていたことがわかった。堀底が約五メートル、地表面からの深さが約五メートルで、上幅も一二メートル以上であったと想定される大規模な箱堀である。

　図30に示すように、これをある時期に人為的に埋め戻し、一まわり内側に堀をつくり替え、さらにその後、最低三回の掘り直しを行っている。なお、この堀の埋まり方は、旧5号堀および一部を除いて、自然堆積である。

　帯曲輪Ⅶとの行き来は、南側中央と東側中央北寄りの二カ所の土橋により行った。

　東側の土橋の内側では、門跡と思われる遺構が確認された。現状で土塁が切れている部分で、礎石に使用されたと考えられる川原石が確認されて

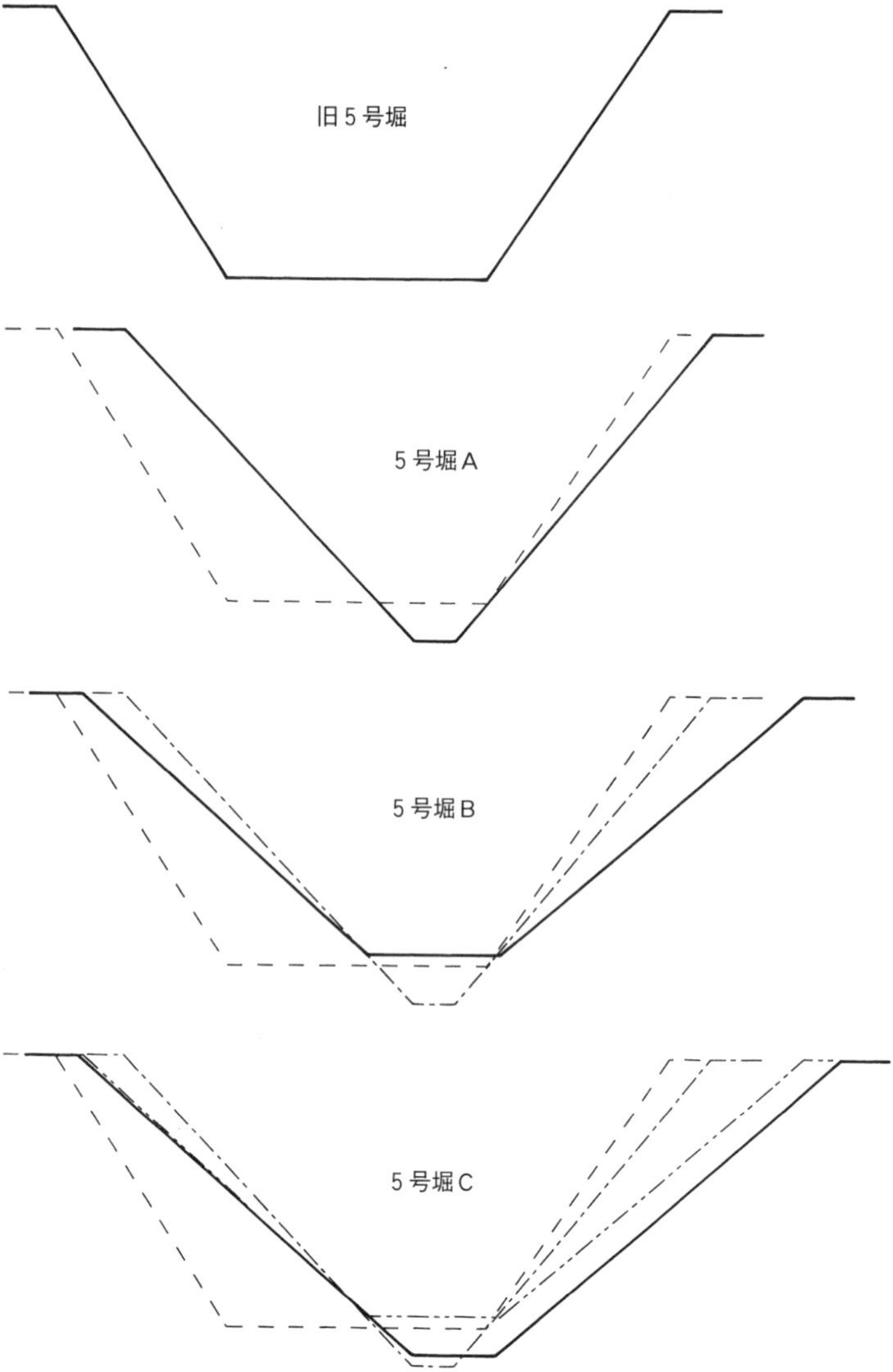

※土塁部分は含まず

図30　5号堀断面変遷模式図

図31　5号堀断面

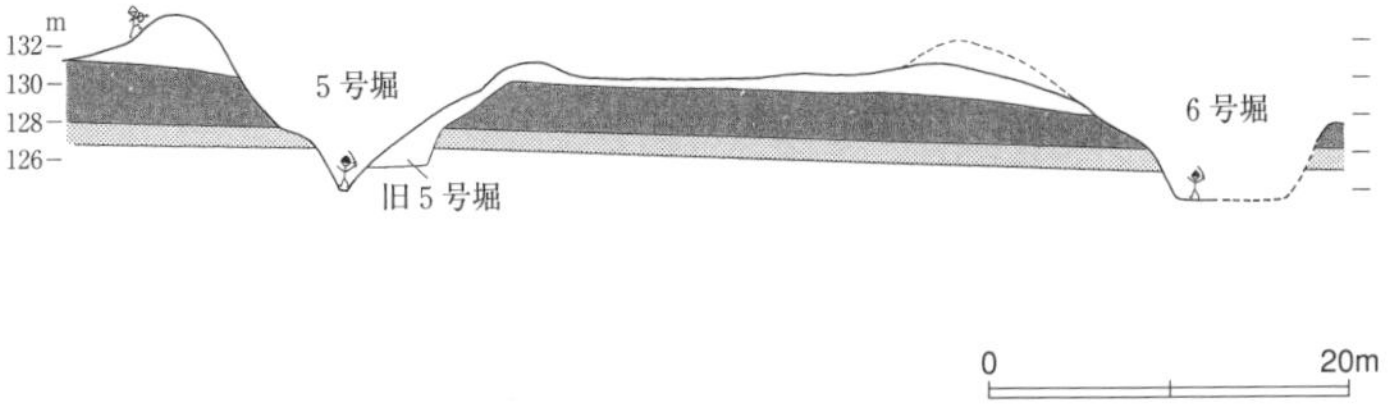

図32　5号・6号断面模式図

いる。また、礎石と同一ライン上で、両側の土塁上から柱穴が二カ所確認されている。礎石は二個一対となるところであるが、後世の削平により、北側の礎石は確認できていない。想定による門幅（礎石間の幅）は九尺である。

曲輪Ⅵは、この堀に囲まれた東西約二二〇メートル、南北約二〇〇メートルのエリアである。このなかは、南北にはしる区画溝（SD02）により東と西に大きく分かれる。面的に調査した部分とトレンチ調査の部分があり、全体的な遺構の数および変遷を捉えることはできていないが、大

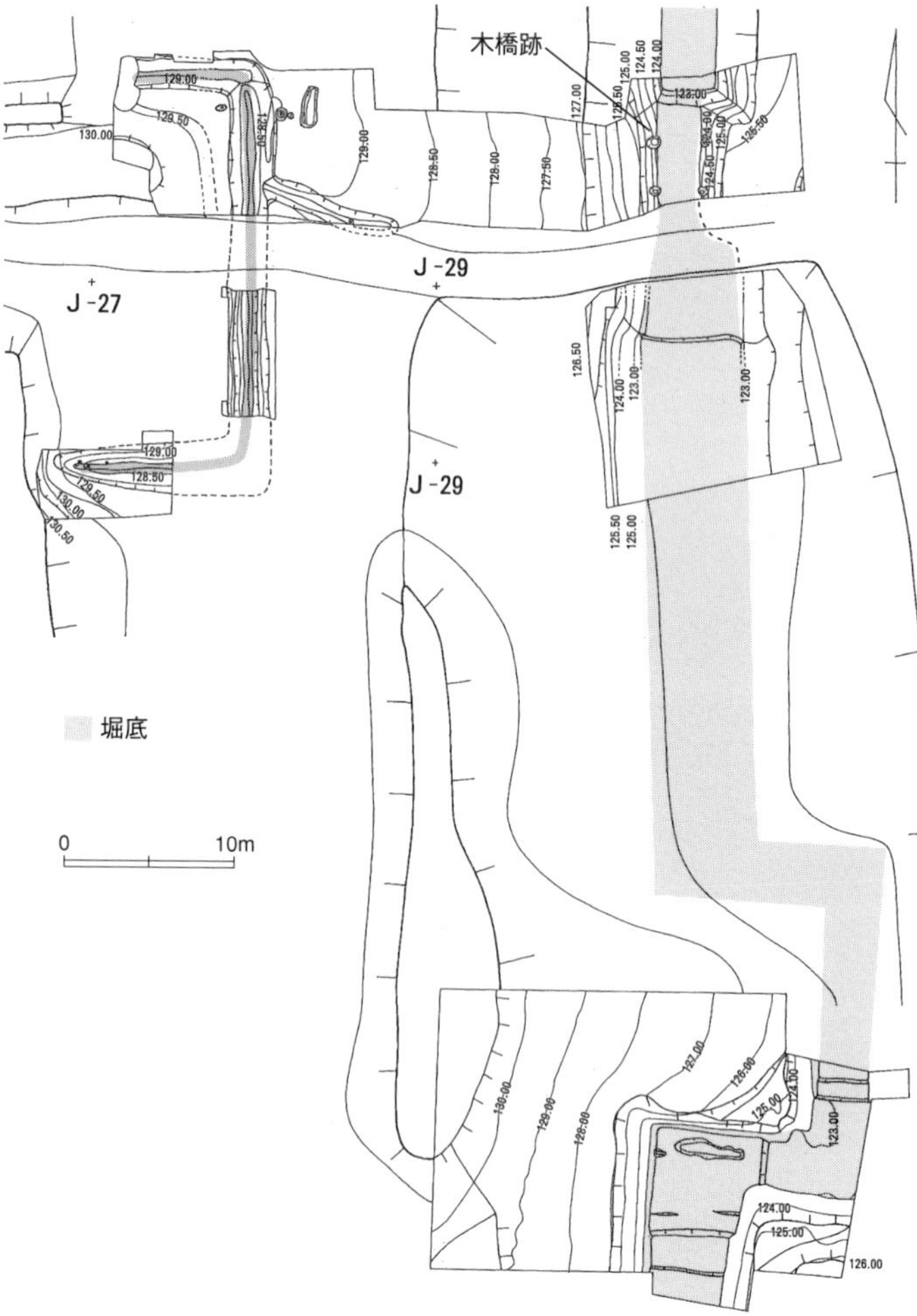

図33　大手周辺遺構配置図

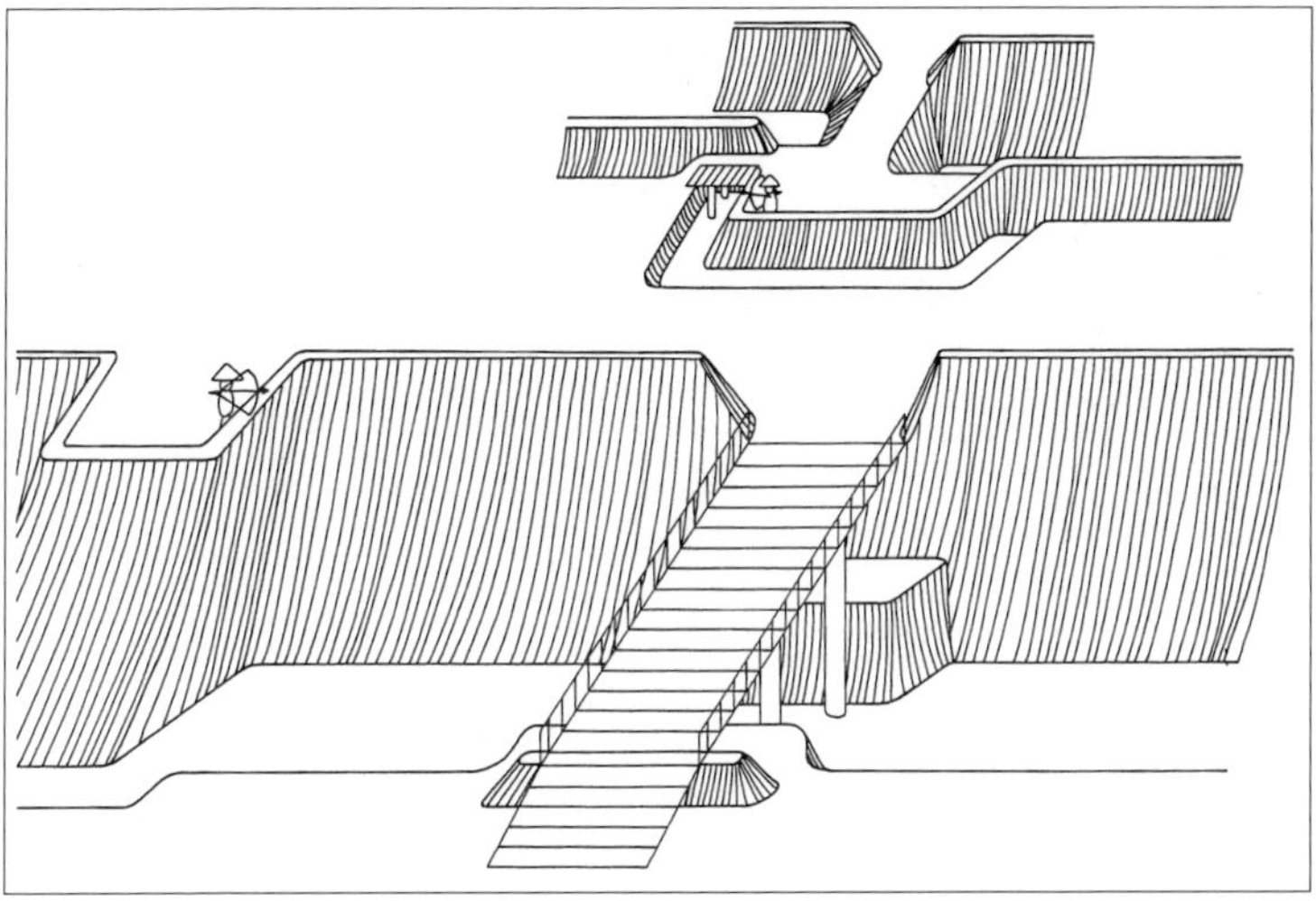

図34　大手周辺イラスト

よその傾向としては次のようなことがいえる。

区画溝の東側では、少なくとも一五基の竪穴建物跡が確認され、とくに北側では大型のものが集中する。これに対し、区画溝の西側は、中世の竪穴建物跡が一八基と東側とほぼ同数確認されているが、建物の大きさは中小規模のものが多い。また、掘立柱建物跡も二間×二間や二間×四間で庇などをもたない側柱建物が多い。さらに南側は遺構がほとんどないエリアで、広場的な空間と考えられる。

6号堀は、いちばん外郭を逆L字形に囲む堀である。

櫓台と思われる突出部が約一〇〇《メートル》間隔で五基設置されている。調査の結果崩された状況がうかがえ、建築物としての櫓跡は確認されていない。

また、図33に示すように、東側堀の北から2番目の櫓台（便宜上櫓台4とする）より約四〇《メートル》北

図35　大手口木橋確認状況

の位置で、木橋跡が確認されている。この部分は堀幅を一五メートルから八メートルに狭め、堀底も一段高くし橋脚を設けている。橋脚の柱間は、南北二・七メートル、東西二・七～三メートルである。

その木橋をわたり、約二〇メートル西に入った5号堀との間の部分で矩形に堀と土塁をめぐらした施設が確認された。これは、5号堀をわたる手前の防御ラインとして設置されたものである。この土塁は、その状況から、南西隅が切れていたと考えられ、その部分が出入口と考えられる（図34）。

この土塁に囲まれた平坦部分（北側は一段高くなる）は、東西七メートル×南北一五メートルと小規模である。また、堀の規模も上幅一・八～二・七メートル、下幅〇・二～〇・六メートル、深さ〇・七五～一メートルと小規模で区画溝的である。

このような形態を一般的に馬出《うまだし》とするが、虎口前の小曲輪とするには、あまりにも貧弱である。

なお、当然木橋とこの施設との間には門が設置されていたと思われるが、調査では確認されていない。門が想定される周辺も、土塁が削られ堀が埋められていることから、門に関する遺構も破壊されたと考えられる。

曲輪Ⅶは、5号堀と6号堀に挟まれた部分であるが、五カ所のトレンチを入れた範囲では、建物等の遺構は見つからなかった。曲輪の平坦部分は約一五㍍《メートル》と狭いことから考えると、このなかには建物等をつくらなかったと思われる。

2　出土遺物からみた遺構の変遷

飛山城跡の出土遺物は、かわらけなどの土師質土器の他に、貿易陶磁（青磁、白磁、褐釉など）、国産陶磁器（瀬戸・常滑など）、青銅製品（古銭《こせん》、火舎香炉《かしゃこうろ》、獅子鈕《ししちゅう》、小鉤《こはぜ》、覆輪《ふくりん》など）、鉄製品（小札《こざね》、釘、刀子《とうす》、鉄鏃《てつぞく》、轡《くつわ》、手斧《ちょうな》など）、石製品（砥石、石鉢など）が出土している。そのなかの約七〜八割がかわらけである。

図36はおもな遺物の変遷を示したものである。この図は、小野正敏、藤澤良祐、中野晴久等の研究成果を基に、遺物の生産年代を中心として並べたものであり、遺構にフィードバックした場合、伝世や流れ込みの問題があり、かならずしも遺構の年代を表すものではない。

そのため、遺構の年代を考える場合には、その出土状況に十分留意する必要がある。とくに多くの出土遺物がある竪穴建物跡は注意を要する。

竪穴建物跡の埋土状況には、人為的一括埋土と自然堆積の二通りがある。前者の場合は、基本的にそれ以降の遺物が入ることがないので、いちばん新しい時期の遺物をもって、その遺構の廃棄時期とすることができるが、後者の場合は、一・五

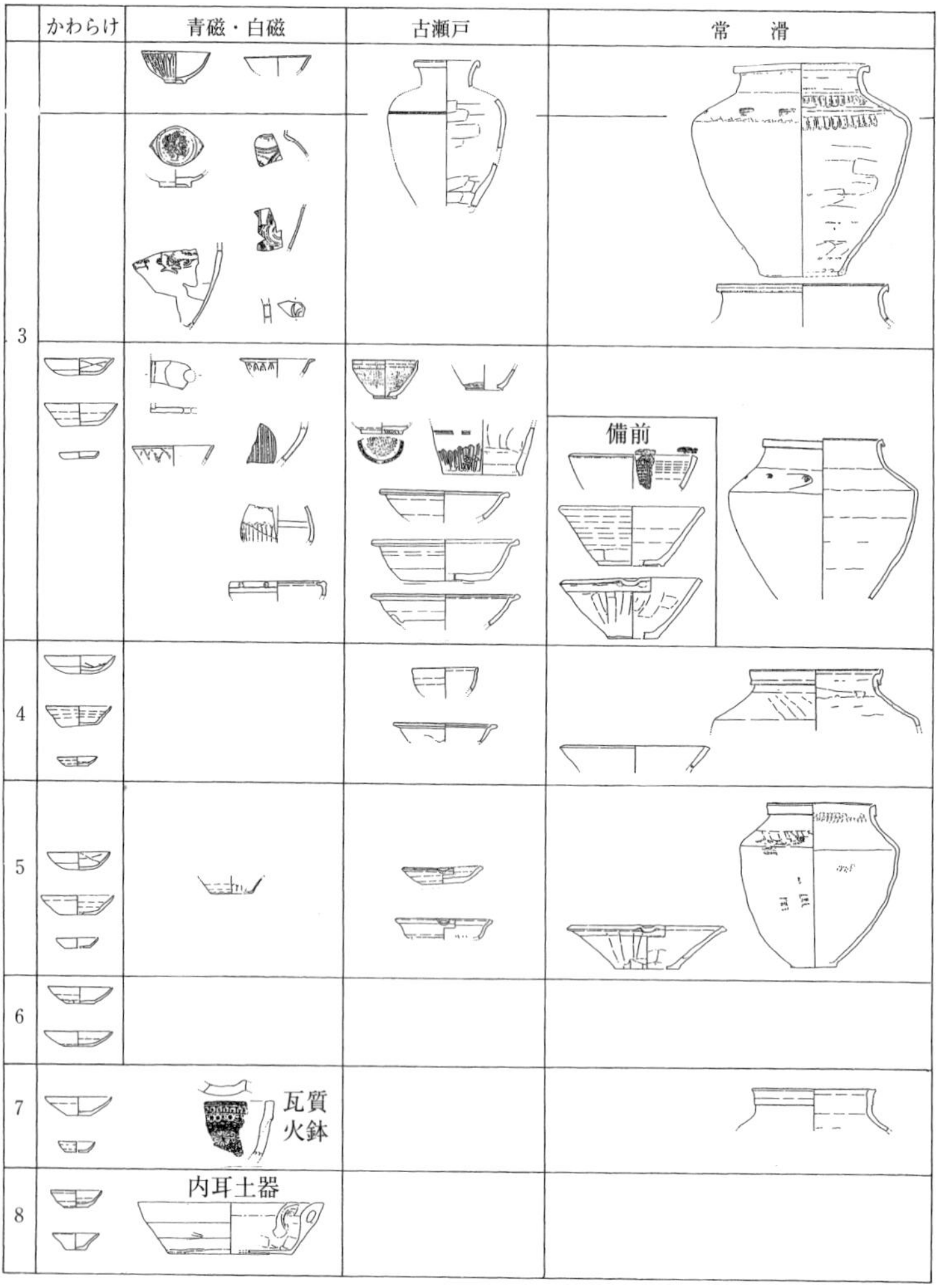

図36　出土遺物変遷（案）図

メートル近い深さがある竪穴が埋まるのにかなりの時間を要すると思われ、上層の出土遺物は、後世の流れ込みの可能性がある。よって、遺構の年代を示す遺物は、下層以下、とくに床直出土遺物が重視される。

　以上の点を踏まえて使用期間が短く、伝世の可能性が少ないかわらけを基軸とし、遺構の変遷を考えてみたい。

　図37は、宇都宮を中心とした県央部のかわらけの編年私案である。本地域では、手づくね成形（以下A類とする）のものと、ロクロ成形（以下B類とする）のものがある。

　なお、参考までに各分類は次のとおりである。

A類　非ロクロ（手づくね）成形

1a　口径一二～一四・五センチ、器高三センチ前後で、口縁部と体部の境に稜を有し、平底あるいは平底気味のもの。

1b　口径一一～一四センチ、器高三～三・五センチで、平底気味あるいは丸底のもの。

2a　口径八～九センチ、器高一・五センチ前後で、口縁部と体部の境に稜を有するもの。

2b　口径六～八センチ、器高一・三～二センチのもの。

B類　ロクロ成形

1a　底／口比が四〇以上六〇未満で、器高が三～四センチのもの。

1b　底／口比が四〇以上六〇未満で、器高が二～三センチのもの。

1c　底／口比が三〇以上四〇未満で、器高が三～四・五センチのもの。

2a　底／口比が七〇以上で器高一～二センチのもの。

2b　底／口比が五〇以上七〇未満で器高一～二センチのもの。

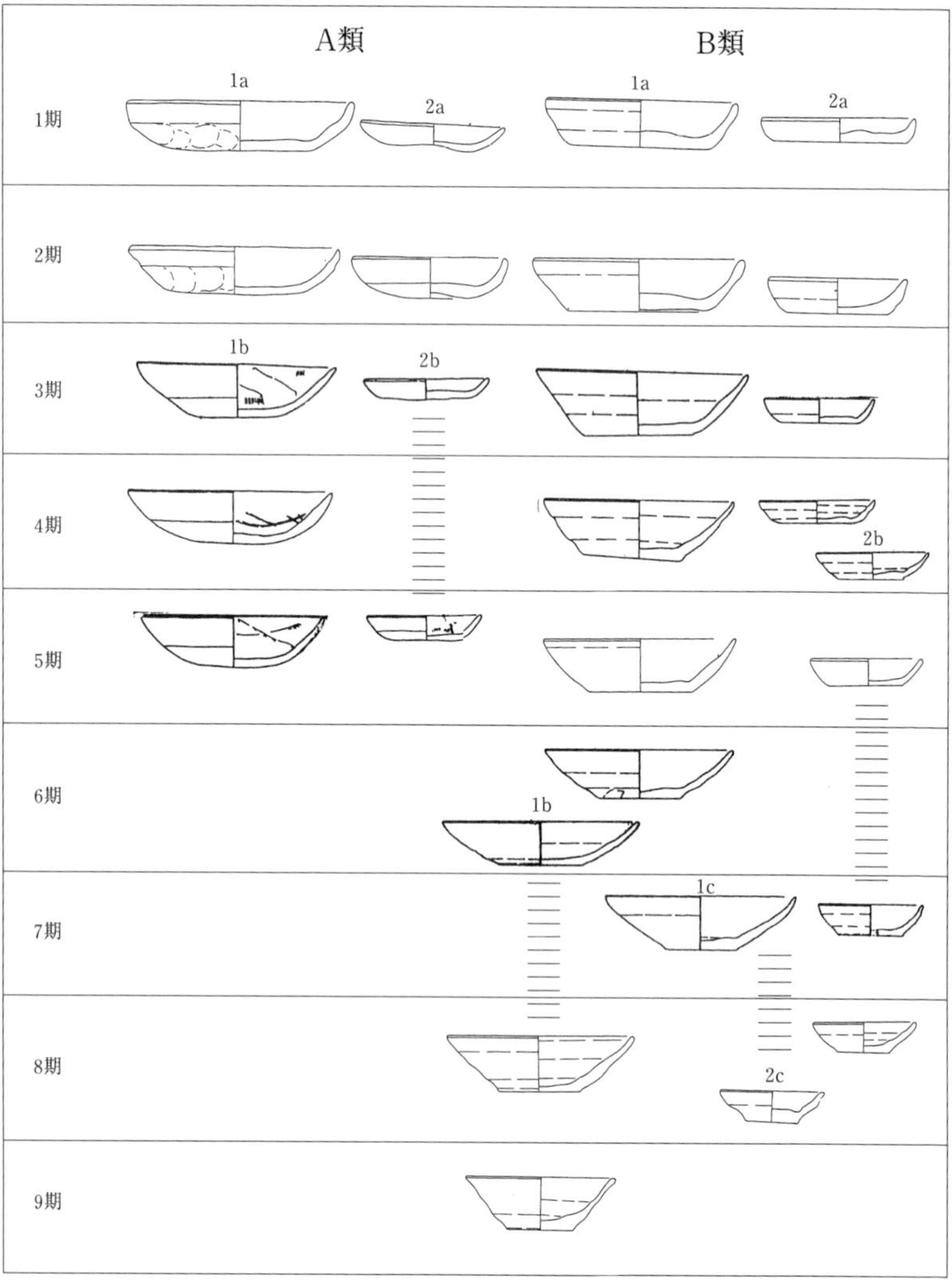

図37　宇都宮周辺かわらけ編年案図

2c 底/口比が三五以上五〇未満で器高一〜二センチのもの。

これらの分類した土器は、以下のような変遷が考えられる。

1期 十二世紀末〜十三世紀前半。宇都宮城跡443号や城南三丁目遺跡で出土したもので、A—1a・2a類とB—1a・2a類で構成されている。城南三丁目遺跡では、同安窯《どうあんよう》系青磁や常滑甕(3型式)が出土している。飛山城跡では、この時期のかわらけは出土していない。

2期 十三世紀後半。宇都宮城跡3127号で出土したもので、A—1a・2a類とB—1a・2a類が継続するが、A類はやや丸みを帯びる傾向にあり、B—2a類は底径が縮小化する。この時期のものも飛山城跡では出土していない。

3期 十三世紀末〜十四世紀前葉。A類は丸底傾向のうかがえる1b・2b類からなり、B類は前段階にくらべ底径が縮小化し器高が高くなった1a・2a類からなる。飛山城跡出土のものは、この時期以降のものである。飛山城跡ST39の埋土中からは青磁鎬《しのぎ》連弁文碗《れんべんもんわん》I—5b類が出土している。

4期 十四世紀中葉〜十四世紀後葉。A—1b類がさらに丸底の傾向が強まるとともに、底径の縮小化したB—2b類が出現する。このようなセット関係を示す遺跡は、下古館遺跡327号があげられる。飛山城跡ST13とST11がこの時期に位置づけられる。

ST13の埋土状況は自然堆積であることから後世の混入が考えられ、床直もしくは埋土下層のものにかぎり見てみると、かわらけの他は青磁梅瓶、青磁酒会壺《しゅかいこ》、陶枕《とうちん》、茶臼、青銅製獅子鈕となる。青磁は十三世紀後半～十四世紀前半にかけての遺物が見られる。

ＳＴ１１の埋土状況は人為埋土であることから、後世の混入も考えづらく、いちばん新しい遺物が常滑片口鉢８型式であることから、十四世紀後半の年代が与えられる。かわらけ以外に、青磁鎬連弁文碗Ｉ—５ｂ類・青磁酒会壺、古瀬戸天目茶碗・折縁深皿《おりぶちふかざら》（Ⅱ～中Ⅲ期）、常滑甕（５～８型式）、小札一一枚、鉄釘二〇本、鉄鏃一本、手斧一個、石臼一個と遺物が豊富に出土している。

５期　十五世紀前葉。Ａ—１ｂ類がさらに丸底化する。桃崎祐輔は「丸底かわらけ」が常総地域では十五世紀中頃まで卓越していたと指摘する。本地域で十五世紀中頃までＡ類が存在するかどうかは、資料の少ない現段階では判断しかねるが、県内他地域のＡ類の消滅は、小山市周辺地域で十四世紀代、足利市域では十三世紀中頃であることを考えると、本地域でも遅くとも十五世紀の前葉のいずれかの時点でＡ類が消滅したものと考えられる。

飛山城跡ではＳＴ２３がこの時期に位置づけられる。この遺構の埋土状況は、上層が自然堆積で、中層以下が人為埋土である。中層以下に含まれる遺物のなかで新しいものは、常滑甕９型式で、常滑片口鉢９型式も見られることから、十五世紀前葉に位置づけられる。

６期　十五世紀中葉～十五世紀後葉。Ｂ類のロクロ土師器のみの段階となる。Ｂ—１ａ類・Ｂ—２ｂ類のほか、次の段階につづくＢ—１ｂ類が出現する。飛山城跡ではＳＴ１５がこの時期にあたる。この遺構の埋土状況は、自然堆積で後世の混入の可能性があり、下層および床直の遺物はかわらけの他は褐釉壺と常滑甕胴部片にかぎられる。

7期　十五世紀末〜十六世紀前葉。B—1b類のような器高の低いものの他に、B—1c類のような器高の高いものが現れる。また、口径が一一センチ前後のものがみられ口径が縮小化する。周辺遺跡でB—1c類が見られるのは、上三川町大町遺跡や壬生町中の内遺跡がある。これらは、ともに供伴遺物から十五世紀末〜十六世紀前半に位置づけられている。飛山城跡ではST04がこの時期に位置づけられる。この遺構ではかわらけが床直から出土し一括性が高い。

8期　十六世紀中葉。B—1b類が小型化する。飛山城跡ではT—5出土遺物がこの時期に位置づけられる。T—5例は、本城跡最終遺構面と考えられる表土下一〇センチのⅡ層（黒色土上層）よりまとまって出土し、一括性が高い。なお、宇都宮城2001号bからもB—1b類が出土しており、この他に常滑甕（11型式）も出土している。

9期　十六世紀後葉。B—1b類がさらに小型化し、体部が直線的もしくは外反するようになる。飛山城跡では曲輪Ⅰでの表採品が一点確認されている。この他に宇都宮城跡2001号cより、このタイプのかわらけが出土している。

3　掘立柱建物跡と竪穴建物跡

現時点までの調査で、中世の城跡に関連する建物跡は、掘立柱建物跡約六〇棟、竪穴建物跡約五〇棟が確認できた。以下、復元的建物整備の対象となった曲輪Ⅳと曲輪Ⅵの建物跡を中心に、遺構の変遷およびその機能についてみてみる。

掘立柱建物跡　表7は曲輪ごとに掘立柱建物跡をまとめた一覧表である。これは、全面発掘をしたわけではないため、各曲輪の全体像を示しているわけではないが、4号堀より北側のⅢとⅣの曲輪に三〇〜五〇平方メートルにかけての建物が多く見られるのに対し、南側のⅥの曲輪は一〇〜二〇平方メートルの比較的小規模なものが多いことがわかる。

　掘立柱建物跡のなかには二〜三回の重複関係が確認できるものがあり、数時期にわたって建物が建て替えられたことがわかる。また、各掘立柱建物跡は柱間寸法や方位に違いが見られる。これらのことから、掘立柱建物跡の変遷について次に考えてみたい。

　表7では、桁《けた》行に絞って柱間寸法の採用頻度を◎と○で示した。◎はその建物において主として使用されている柱間寸法である。なお、表中の①は二・四メートル以上、②は二・四未満〜二・一メートル以上、③は二・一未満〜一・八メートル以上、④は一・八メートル未満とした。なぜ桁行のみにしたかは、本遺跡において梁《はり》間の棟持ち柱が、ＳＢ１４のように遺構としてとらえられない場合が多いこと、そしてＳＢ１１のように梁間の中間柱がずれる場合があることなどの理由からである。

　なお、梁間の棟持ち柱の遺構が確認できないのは、掘り込みが浅いため後世の耕作などにより削平された場合と、地覆《ぢふく》を這わせ、その上に中間の柱を立てた場合とが考えられる。

　柱間寸法と方位を組みあわせると、掘立柱建物跡は四つのグループに分けられる。

　Ⅰ類　柱間寸法①を主に使用し、方位がＮ—4°—Ｅ前後のもの（ＳＢ０６・ＳＢ４９・ＳＢ５１・ＳＢ５９）。

　Ⅱ類　柱間寸法②を主に使用し、方位がＮ—7°—Ｅ前後のもの（ＳＢ１１・ＳＢ１４、ＳＢ４７、ＳＢ５３）。

表7　掘立柱建物跡一覧

曲輪名	遺構番号	規模(間)			規模(m)			面積	柱間寸法				方位	庇	備考
		東西		南北	東西		南北	㎡	①	②	③	④			
Ⅲ	ＳＢ０１	3	×	2	6.8	×	3.8	25.84		◎			N-4°-E		南側に敷石遺構
Ⅲ	ＳＢ０２	2	×	1	6.3	×	4.2	26.46					N-4°-E		
Ⅲ	ＳＢ０６	1	×	1	4.4	×	4.2	18.48	◎				N-3°-E	東	
Ⅳ	ＳＢ１１	2	×	5	4.1	×	11.5	47.15	○	◎	○		N-5°-E		瀬戸四耳壺片
Ⅳ	ＳＢ１２	5	×	3	10.3	×	5.2	53.56			◎		N-1°-W	南	
Ⅳ	ＳＢ１３	3	×	3	4.4	×	4.1	18.04			◎		N-7°-E		
Ⅳ	ＳＢ１４	4	×	1	9.4	×	4.4	41.36	○	◎			N-10°-E		
Ⅳ	ＳＢ１６	1	×	2	2.3	×	4.2	9.66			◎		N-1°-W		
Ⅳ	ＳＢ４７	4	×	2	9.5	×	4.7	44.65		◎			N-5°-E	南	SB59と切り合う
Ⅳ	ＳＢ４８	2	×	2	4.7	×	3.5	16.45	○	◎			N-11°-E		
Ⅳ	ＳＢ４９	2	×	3	7.4	×	4.9	36.26	◎	○			N-4°-E		総柱式
Ⅳ	ＳＢ５０	4	×	1	8.3	×	4.1	34.03		○	○		N-3°-E		SB52に切られる
Ⅳ	ＳＢ５１	10	×	2	21.5	×	4	86	◎	○			N-3°-E		
Ⅳ	ＳＢ５２	4	×	2	8.8	×	3.8	33.44		○	○		N-3°-E	南	SB50を切る
Ⅳ	ＳＢ５３	1	×	4	4.1	×	8.7	35.67		◎	○		N-3°-E		
Ⅳ	ＳＢ５４	3	×	1	6.6	×	4	26.4		◎	○		N-3°-E		
Ⅳ	ＳＢ５５	5	×	2	10	×	4.1	41		○	◎		N-4°-E	南・西	
Ⅳ	ＳＢ５７	2	×	2	5.2	×	4	20.8		○	○		N-4°-E		
Ⅳ	ＳＢ５９	1	×	1	2.3	×	1.5	3.45	◎				N-2°-E		
Ⅳ	ＳＢ７０	4	×	2	8.3	×	4.2	34.86		○	◎		N-1°-E		総柱式
Ⅳ	ＳＢ７２	4	×	3		×		0		◎			N-3°-E		
Ⅳ	ＳＢ７３	3	×	1	6	×	4.1	24.6			◎		N-2°-E		
Ⅳ	ＳＢ７４	2	×	2	4.6	×	4.2	19.32		◎			N-5°-E		
Ⅳ	ＳＢ７５	5	×	1	10.1	×	4	40.4		○	◎		N-2°-w		
Ⅳ	ＳＢ７６	6	×	1	12.7	×	3.8	48.26		◎	○		N-1°-w		
Ⅳ	ＳＢ７７	3	×	1	6	×	4	24		○	◎		N-4°-E		
Ⅳ	ＳＢ７９	3	×	1	6.7	×	4.4	29.48	○	○			N-0°-E		
Ⅳ	ＳＢ８１	3	×	1	7.4	×	4.9	36.26	◎				N-1°-w		SB75に切られる
Ⅳ	ＳＢ８２	2	×	1	3.6	×	3.6	12.96			◎		N-1°-w		SB75を切る
Ⅳ	ＳＢ８５	4	×	1	8.1	×	3.8	30.78	○	◎	○		N-3°-E		ST41と切りあう
Ⅳ	ＳＢ８６	3	×	1	6.2	×	2	12.4		○	◎		N-4°-E		
Ⅳ	ＳＢ８７	1	×	3	4.2	×	7.2	30.24	◎	○			N-8°-E		
Ⅵ	ＳＢ１０	3	×	2	6.4	×	5.4	34.56		○	◎		N-3°-E	南	総柱式
Ⅵ	ＳＢ２０	4	×	2	8.2	×	4.2	34.44		○	◎		N-1°-E		
Ⅵ	ＳＢ３５	1	×	2	3.2	×	2.8	8.96				◎	N-1°-E	東	
Ⅵ	ＳＢ３６	3	×	2	5.6	×	3.4	19.04				◎	N-5°-E		
Ⅵ	ＳＢ３７	2	×	1	4.1	×	4.1	16.81			◎		N-0°-E		
Ⅵ	ＳＢ３８	2	×	2	4.2	×	3.2	13.44			○	◎	N-24°-W		
Ⅵ	ＳＢ４０	1	×	1	3.5	×	2.7	9.45	◎				N-1°-E		
Ⅵ	ＳＢ４１	2	×	1	3.5	×	2.7	9.45			○	◎	N-2°-E		
Ⅵ	ＳＢ４３	2	×	3	4.3	×	2.2	9.46				◎	N-0°-E		

図38　掘立柱建物跡確認状況写真

Ⅲ類　柱間寸法②と③を使用し、方位がＮ—４°—Ｅ～Ｎ—７°—Ｅのもの（ＳＢ１３・ＳＢ５０）。

Ⅳ類　柱間寸法③を主に使用し、方位がＮ—０°—Ｅ～Ｎ—３°—Ｅのもの（ＳＢ１２・ＳＢ５２・ＳＢ５５）。

これらのグループの重複関係をみると、Ⅰ類のＳＢ４９とＳＢ５１は、Ⅳ類のＳＢ５２と重複していることから別時期であり、Ⅱ類のＳＢ５３もＳＢ５１と近接していることから別時期である。Ⅱ類のＳＢ１１とⅣ類のＳＢ１２、Ⅲ類のＳＢ５０とⅣ類のＳＢ５２も重複しており別時期である。これらを遺構の切り合い関係から見ると、ＳＢ４９・ＳＢ５１→ＳＢ５２・ＳＢ５０→ＳＢ５２となり、Ⅰ類→Ⅱ類→Ⅲ類→Ⅳ類の変遷が想定できる。

なお、ＳＢ５２は表で②と③を○としておいた

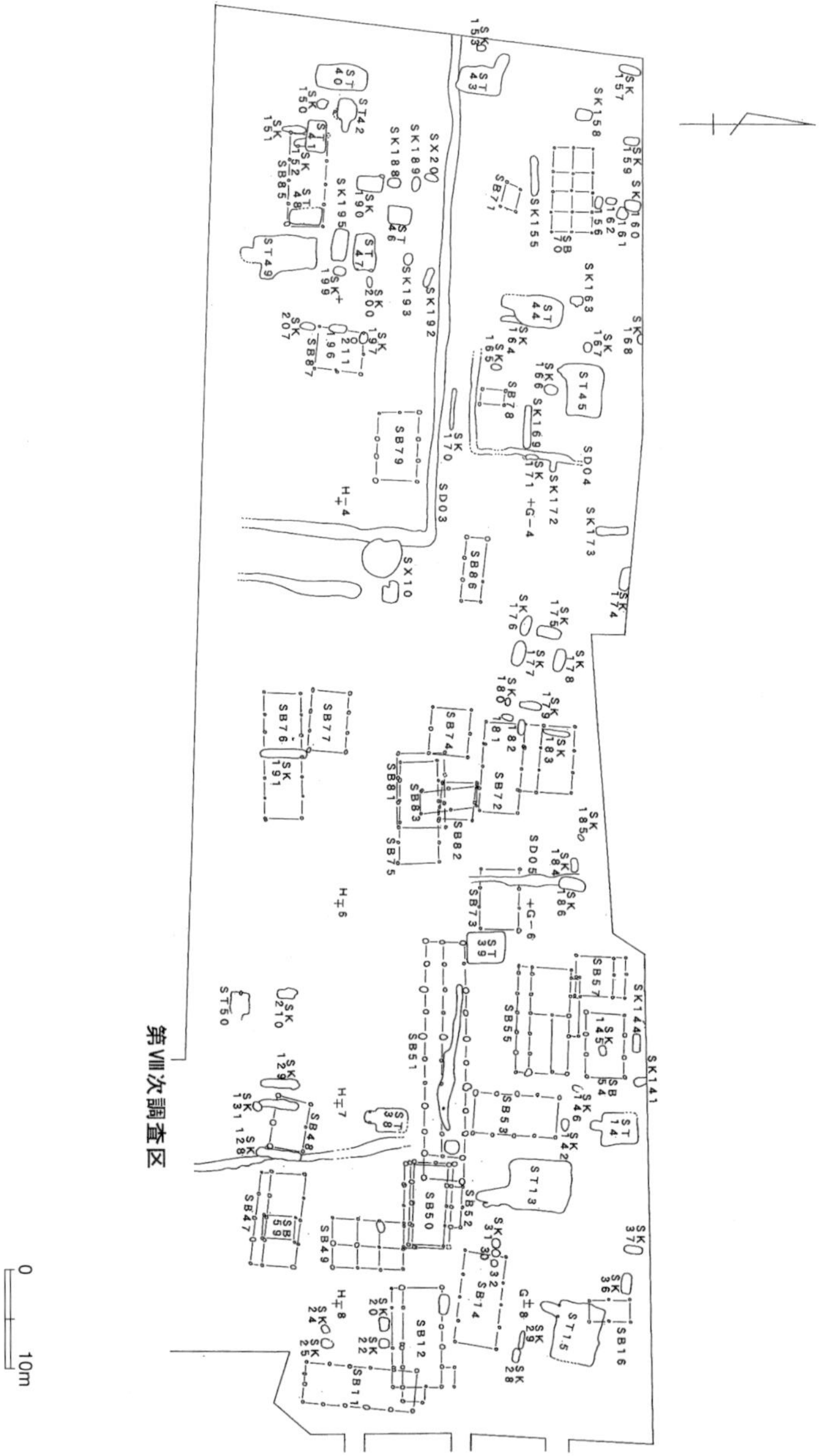

図39　曲輪Ⅳ遺構配置図

が、若干③の方が多く使用されており、また、ＳＢ５２の南側の庇列がＳＢ１２の南側の桁列と一直線であることからⅣ類とした。このほかにⅣ類のＳＢ１６とＳＴ１５（６期）のように掘立柱建物跡と竪穴建物跡の重複関係も確認できた。

次に、遺物も少量であるが出土しているので、その点からも検討を加える。

ＳＢ５１の柱穴からＡ―２ｂ類のかわらけが出土し、３～４期にかけての遺構であることがわかる。ＳＢ１１の柱穴からはＡ―１ｂ類・Ｂ―２ｂ類のかわらけが出土し、４～５期にかけての遺構であることがわかる。ＳＢ５０の柱穴からはＢ―１ａ類と・Ｂ―２ｂ類と思われるかわらけが出土し、５～６期にかけての遺構と想定される。

また、ＳＢ５４とＳＢ５７の柱穴からはＡ類が出土しており５期以前、ＳＢ４８の柱穴からはＢ―１ａ類が出土しており６期以前と考えられる。

以上のことから、ＳＢ５１（３～４期）→ＳＢ５０（５～６期）→ＳＢ５２の位置づけができる。

高橋與右衛門は、掘立柱建物跡の変遷を検討するなかで、十四世紀の主屋は七尺から広い寸法を使用し、付属屋は七尺台のほか各種みられ、十六世紀の主屋は大半が六尺台となり、付属屋は七尺以上～六尺前後まで各種の寸法が採用されるという。また、高橋は、十二世紀には六・七尺もあるが、九～一〇尺が多用され、十六世紀になると主として六尺五寸～六尺八寸が使用されるようになるとも指摘する。

このことから、中世において使われる柱間寸法は六～一〇尺とあるが、時代が新しくなるにつれ、六尺台の使用が増えることがわかる。上記の切り合い関係からもこのことは裏づけられ、先の高橋の論考とあわせて考えると、Ｉ類は十四世紀代、Ⅳ類が十六世紀代に位置づけられる。

以上を踏まえ、飛山城跡における掘立柱建物跡の変遷をまとめてみると、少なくとも四時期に分けることができる。

Ⅰ期（十三世紀末〜十四世紀前葉）は、柱間寸法が八尺・七尺台のものを主体として使用し、方位がＮ—４°—Ｅ前後のもの（ＳＢ４９、ＳＢ５１、ＳＢ５９、ＳＢ７４、ＳＢ７６、ＳＢ８５等）。

Ⅱ期（十四世紀中葉〜十五世紀前葉）は、柱間寸法が八尺・七尺台のものを主体として使用し、方位がＮ—７°—Ｅ前後のもの（ＳＢ１１、ＳＢ１４、ＳＢ４７、ＳＢ４８、ＳＢ５３、ＳＢ７２、ＳＢ７７等）。

Ⅲ期（十五世紀中葉〜十五世紀後葉）は、柱間寸法が七尺〜六尺台のものを主体として使用し、方位がＮ—４°—Ｅ〜Ｎ—７°—Ｅのもの（ＳＢ１３、ＳＢ５０等）。

Ⅳ期（十六世紀）は、柱間寸法が六尺台のものを主体として使用し、方位がＮ—０°—Ｅ前後のもの（ＳＢ１２、ＳＢ１６、ＳＢ５２、ＳＢ５５、ＳＢ７０、ＳＢ７３、ＳＢ７５等）。

この他にも建物跡は存在することから、本来はもう少し細かい変遷を考える必要があるが、竪穴建物跡と違い、遺物がほとんど出土しないため、おおまかな変遷しか提示できない。

建物の上屋構造については後述するが、周辺に点在する竪穴建物跡の中から多数の釘と川原石が出土していることから、竪穴建物だけでなく掘立柱建物の上屋構造にも、これらの材料が使用されていたものと考える。柱の太さは、数カ所の柱穴で柱痕が確認され、一〇〜一五センチの角材が想定される。

竪穴建物跡

城跡内からは五二基の竪穴建物跡を確認し、そのうちの三九基を完

図40　竪穴建物跡確認状況写真

掘した。これらは規模により大型・中型・小型の三つに分けられる。大型・中型とも長方形の平面形を基調とし、長軸線上に棟持ち柱をもつ。また、一〜二カ所の出入口施設を有し、出入口部分および床面の一部が非常に硬く、一定期間使用されていた様子がうかがえる。内部には火処がない。出土遺物は、多数の川原石と釘などの鉄製品・青銅品・陶磁器などがある。また、埋土中にロームブロック混じりの層が見られることから、周堤帯《しゅうていたい》をめぐらしていたと考えられる。

それでは、これらを形態分類し検討してみる。まず、大きさにより大中小に分け、次に柱の有無、出入口施設の有無により以下のように分ける。

A類は入口部を除く床面積が二〇平方メートル以上の大型のもの。以下の三種類に分けられる。

1　主柱穴を長軸上にもち、一カ所の出入口

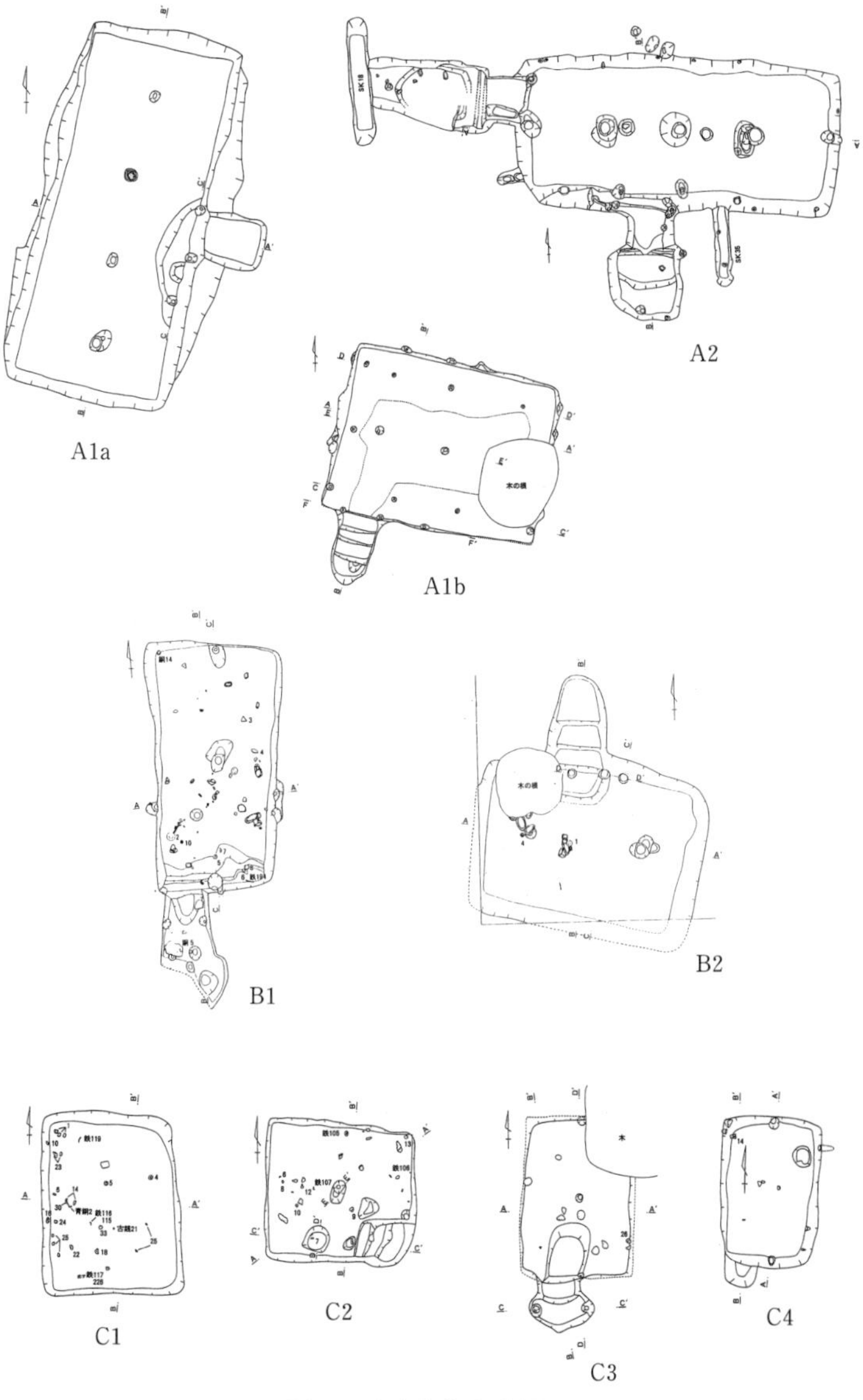

図41　竪穴建物跡分類図

施設をもつもの。
a　柱穴が長軸線上にあるもの。
b　柱穴がa以外の配列をするもの。
2　主柱穴を長軸上にもち、二カ所の出入口施設をもつもの。

B類は入口部を除く床面積が二〇平方《メートル》未満一〇平方《メートル》以上の中型のもの。以下の二種類に分けられる。

1　主柱穴を長軸上にもち、短辺の一カ所に出入口施設をもつもの。
2　主柱穴を長軸上にもち、長辺の一カ所に出入口施設をもつもの。

C類は入口部を除く床面積が一〇平方《メートル》未満の小型のもの。以下の四種類に分けられる。

1　主柱穴がないもの。
2　主柱穴が一本のもの。
3　主柱穴を長軸上にもち、一カ所の出入口施設をもつもの。
4　主柱穴を長軸上の両壁際にもつもの。

先の遺物の検討を踏まえ、それぞれの遺構の変遷についてみてみる。

表8に各竪穴建物跡の年代を示した。この年代決定にあっては、柱間寸法も参考とした。先に述べたように、掘立柱建物跡は十六世紀になると主として六尺台を使用するようになることから、竪穴建物跡の柱間も同様の傾向にあると考えた。たしかに柱間寸法が六尺台を使用している竪穴建物跡からは、Ⅱ段階以降の遺物が出土する。

時期は①～④期に分類される。

①期は十三世紀末～十四世紀前葉で、3期のかわらけが出土する。ＳＴ０７・ＳＴ３９がこの時期に属し、ＳＴ０７の柱間は八尺を使用。②期は十四世紀中葉～十四世紀後葉で、4期のかわらけが出土する。ＳＴ１１・ＳＴ１３・ＳＴ１４・Ｓ

表8　竪穴建物跡一覧

曲輪名	遺構番号	規模(m)			面積	主柱穴数	方位	埋土状況	類型	時期	備考
		長軸		短軸	㎡						
Ⅲ	ST01	3.9	×	2.4	9.36	4	N-6°-E	人為一括	C3		小札11、古銭8
Ⅲ	ST04		×					人為一括		④	
Ⅲ	ST07	5.1	×	3.8	19.38	2	N-12°-E	自然堆積	B2	①	
Ⅵ	ST10		×	2.5		3	N-4°-E	自然堆積			
Ⅳ	ST11	9.4	×	4.6	43.24	7	N-1°-E	人為一括	A2	②	小札11、手斧1
Ⅳ	ST12	5.2	×	2.7	14.04	3	N-7°-E	人為一括	B1	②	火舎香炉1
Ⅳ	ST13	6.2	×	5	31	3	N-4°-E	自然堆積	A2	②	茶臼、獅子鈕
Ⅳ	ST14	3.7	×	3.2	11.84		N-0°-E	人為一括	C3	②	古銭1
Ⅳ	ST15	6.3	×	4.7	29.61		N-16°-E	人為一括	A1b	③	古銭1
Ⅵ	ST17	2	×	1.9	3.8		N-3°-E	人為一括	C1	②	古銭2
Ⅵ	ST21	8	×	3.8	30.4	4	N-9°-E	人為一括	A1a	④	轡1
Ⅵ	ST22	8.4	×	6.5	54.6	3	N-4°-E	人為一括	A1a	④	石鉢1、硯2
Ⅵ	ST23	6.1	×	2.6	15.86		N-2°-E	人為一括	B2	③	古銭1
Ⅵ	ST26	3.1	×	1.8	5.58		N-0°-E	人為一括	C1	③	
Ⅵ	ST27	1.8	×	1.7	3.06		N-1°-W	人為一括	C1	①	古銭2
Ⅵ	ST28	3.2	×	2.9	9.28		N-93°-E	人為一括	C2	③	
Ⅵ	ST29	3.2	×	2.1	6.72		N-1°-E	人為一括	C4		
Ⅵ	ST30	2.7	×	2.3	6.21		N-5°-W	人為一括	C1		
Ⅵ	ST31	5.9	×	2.7	15.93	2	N-90°-E	人為一括	B1	④	石を床面に敷く
Ⅵ	ST32	3.5	×				N-2°-E	人為一括	C4	②	
Ⅵ	ST33	3	×	1.2	3.6		N-1°-E	人為一括	C1		
Ⅵ	ST35	2.2	×	1.9	4.18		N-1°-E	人為一括	C1		
Ⅵ	ST36	4.7	×	2.4	11.28	3	N-80°-W	人為一括	B1	③	
Ⅵ	ST37	2.4	×	2	4.8		N-2°-W	人為一括	C4	④	
Ⅵ	ST38	3.3	×	2.3	7.59		N-2°-E	人為一括	C3	②	
Ⅵ	ST39	3.9	×	3	11.7		N-4°-E	人為一括	C1	①	古銭2
Ⅵ	ST40	5.3	×	2.5	13.25		N-1°-E	人為一括	B1		
Ⅵ	ST42	2.2	×	2	4.4		N-1°-E	人為一括	C3	①	
Ⅵ	ST43		×		0		N-1°-E	人為一括	B2	②	
Ⅵ	ST44		×		0		N-1°-E	人為一括	B1	②	
Ⅵ	ST46	2.4	×	1.7	4.08		N-1°-E	人為一括	C1	②	
Ⅵ	ST49		×		0		N-1°-E	人為一括	B1	②	

T17・ST27・ST12がこの時期に属する。ST11の柱間は七・二尺、ST13は八～七尺を使用。③期は十五世紀前葉～十五世紀後葉で、5～6期のかわらけが出土する。ST23・ST15がこの時期に属する。ST15の柱間は主として六・六～六・二尺を使用。なお、この時期はかわらけの変遷からさらに二時期に細分される。④期は十五世紀末～十六世紀前半で、7期のかわらけが出土する。ST04がこの時期に属する。この他に

ST22から常滑甕11形式のものが出土していることから、この時期の遺構と考えられる。ちなみにST22の柱間は、六・四～六・二尺を使用。また、近接するST21も柱間六尺を使用していることからこの時期に位置づけた。

①期の段階では、中・小型のB・C類が見られ、②期に大型のA類が見られるようになる。そして④期の十六世紀前半までは、竪穴建物の存在が確認できるが、十六世紀後半までこの手の建物が残っていたかは、出土遺物からは判断に迷う。

それではこのような竪穴建物の性格をどのように考えればよいであろうか。少し研究史を紐解いてみる。

竪穴建物は、「方形竪穴遺構」「竪穴遺構」「方形竪穴建物」ともよばれている。基本的に柱穴をともなうものは、建物と定義してよいと思うが、小型で、柱穴がなく方形のものは、上屋構造が判然とせず、土坑との区別がむずかしい。その機能については、「住居」「倉庫」「工房」「墓」などが考えられている。

橋本澄朗は、石那田館跡の調査における館内の竪穴の配置から「厨屋」に関係する貯蔵用の施設を想定し、初山孝行は、周辺の地下式土坑との関係から「葬送儀礼」に関係する建物を想定する。田代隆は、下古館遺跡の調査で出土した竪穴遺構を分類し、覆土中から鉄釘片や鉄滓《てっさい》などが出土するものは鉄生産にかかわる工房の可能性を指摘し、特徴的な土坑群と分布が共通するものは墓地にかかわる遺構と想定している。高橋與右衛門は、「住家」や「倉庫」が考えられるが、短絡的に結論を導き出すことはできず、「遺跡の性格と単独の遺構なのか遺構群の一部なのかという判断と、一部である場合には総合的な見地から検討し、位置づけを明確にしたうえでの判断から機能が決定」されるべきと述べている。大野亨は、おもに根城を中心に検討し、竪穴建物の機能を、多くは「工房」と考え、炭化穀類が多く出土したものは「納屋」との考えを示している。これらの見解を踏まえ、本遺跡の竪穴建物を見てみる。

基本的な共通事項としては、平面形が長方形で、棟持ち柱が長軸線上に配される。この柱配置は、東北地方のこの種の竪穴建物が、壁際に一周するように配されるのと対照的で、上屋構造に関係する。飛山城跡の場合は伏屋式で切妻タイプの屋根が想定できるが、後者の場合は、壁立式で切妻もしくは寄棟タイプの屋根が想定できる。

出入口部は硬く締まっていることから、ある程度頻繁に出入りがあったことがわかる。それに対し、内部の床面はあまり硬くしまっていないことから、常時人が生活している状況はうかがえな

図42　常滑甕

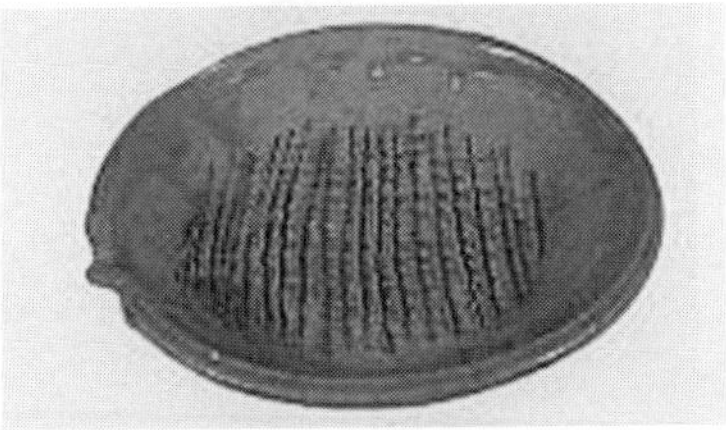

図43　瀬戸卸皿

図44　茶臼

図45　鐏

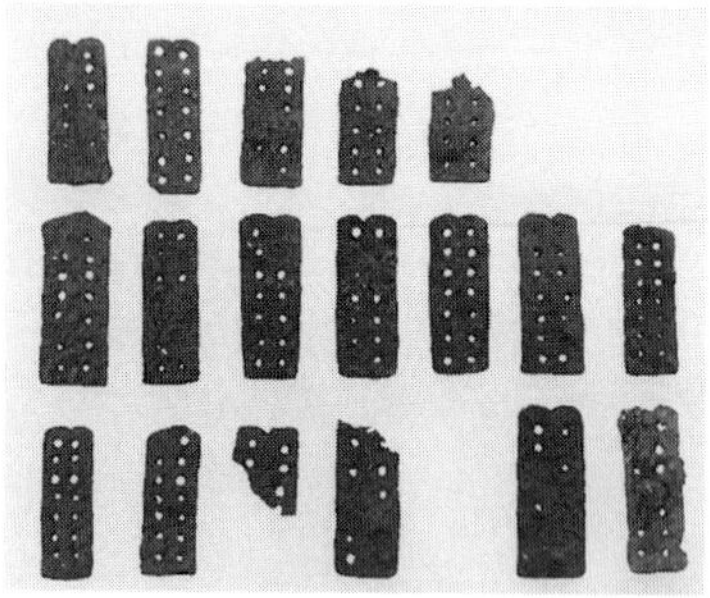

図46　小札

図47　手水鉢

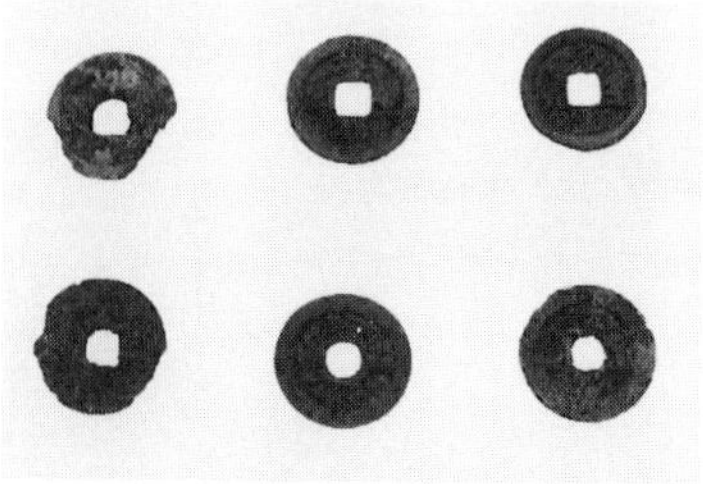

図48　古銭

い。また、火処がないことからも、「住家」的な建物でないと判断される。

　出土遺物からは、A・B類が多くの陶磁器片、青銅品、鉄器などを出土するのに対し、C類は基本的に遺物の出土量が少ない。このことはA・B類とC類の機能に差があることを示していると思われる。とくにST11・ST15・ST21～23では常滑甕片が多く出土している。これは、屋内で水などの水溶物を入れる容器として使われていた可能性が考えられる。また、ST12で瀬戸卸皿と火舎香炉《かしゃこうろ》、ST13で茶臼・ST21で鐏が床直で出土している。とくに火舎香炉の上には木片が残っていたことから、箱状のものに入れてあった可能性がある。

　これらの状況から竪穴建物A・B類の機能は、「倉庫」もしくは「納屋」的なものであったと想定される。なお、C類に関しては、これとは違っ

表9　飛山城関連年表

西　暦	出　来　事
1293～98年	芳賀高俊が築城。
1339年	2月　南朝方の春日顕国、矢木岡城・益子城を攻略。また、飛山・宇都宮勢と戦い勝利する。 4月　顕国軍、飛山・宇都宮勢と戦い勝利する。
1340年	8月　顕国軍、飛山管轄下の石下城を攻略。
1341年	8月　顕国軍により飛山城落城。
1351年	宇都宮公綱が足利尊氏の命により、紀清両党を率いて足利直義方の軍勢を破り戦功をたてる。
1363年	宇都宮氏綱・芳賀高名父子ら武蔵岩殿山合戦で足利基氏方の軍勢に大敗。この時、芳賀高家（飛山城主）戦死。
1549年	9月　五月女坂の合戦において宇都宮尚綱戦死。芳賀高定、伊勢寿丸を擁し、真岡城に移る。芳賀高照、宇都宮城を占拠。
1551年	壬生綱雄が北条氏康の意を受けて宇都宮城に入城。
1555年	高定、高照を真岡城に誘い出し謀殺。
1557年	芳賀高定が宇都宮広綱を擁し、壬生氏より宇都宮城を奪還。この時佐竹義昭の軍が飛山城に在陣しこれを支援する。
1587年	芳賀高継、家臣の平石主膳亮に飛山城の普請の任務を与える。
1590年	豊臣秀吉が「宇都宮并家来者共」に対し破却令を出す。この時、飛山城もその対象になった可能性が高い。

た機能が考えられるが、後日の検討とする。

4　飛山城の変遷を考える

飛山城に関する文献史料は、「松平結城文書」「結城古文書写」『下野国誌』や「芳賀・小宅系図」などがある。市村高男はこれらの史料を使い、飛山城の歴史と性格を分析している。表9は、その研究成果を基に作成したものである。この文献史学の研究成果と、先に検討した考古学的な成果を合わせて、飛山城の変遷を考えてみる。

（一）飛山城築城時の宇都宮氏と芳賀氏

宇都宮氏と芳賀氏の関係が文献上で確認できるのは、一一八九（文治五）年の奥州阿津《あつ》賀志山《かしやま》合戦のときである。『吾妻鏡《あづまかがみ》』には

「宇都宮左衛門尉朝綱郎従紀権守・波（芳）賀次郎大夫（高親）已下七人」が戦功をあげ、源頼朝より旗二流を賜ったと書いてある。この時期の芳賀氏の居城は、芳賀を初めて称した高澄が築いた御前城（真岡市田町）であったと考えられている。

そして、永仁年間（一二九三～九八）に芳賀高俊が飛山城を築き、ほぼ同時期に同慶寺も建立されたと伝えられている。高俊は一二九八（永仁六）年に六十八歳で亡くなっていると系図にあることから、かなり晩年に飛山城を築いたことになる。

この時期の宇都宮家当主は宇都宮景綱の跡を継いだ貞綱である。この頃の貞綱の年齢は三十代前後と推定される。高俊は父景綱とほぼ同年代であり、景綱が出家後も鎌倉や京都で活動するなかで、高俊は貞綱にとって身近な相談役的な存在であったといえる。

系図（図49）によれば、高俊の子高直は、養子として宇都宮景綱の四男高久を迎え入れている。さらに高直の娘は貞綱に嫁いで、二人の間にできた高貞が高名の養子となり、芳賀家の家督を継ぐ。

このようにみると、この時期の宇都宮氏と芳賀氏の関係はかなり密接で、そのような状況下において、飛山城が築城されたことになる。

この時期の建物は、先の検討から掘立柱建物跡のⅠ期、竪穴建物跡の①期で、建物の範囲は４号堀よりも北側の場所に集中する。なお、この時期の区画施設は確認されていないが、遺構の分布範囲から図51のような形で区画施設があった可能性が想定できる。ちなみにこの範囲は、北崖までを含めた南北方向の長さが約一八〇メートル、東西距離もこれと一致する。後に述べる宇都宮氏の居館跡や

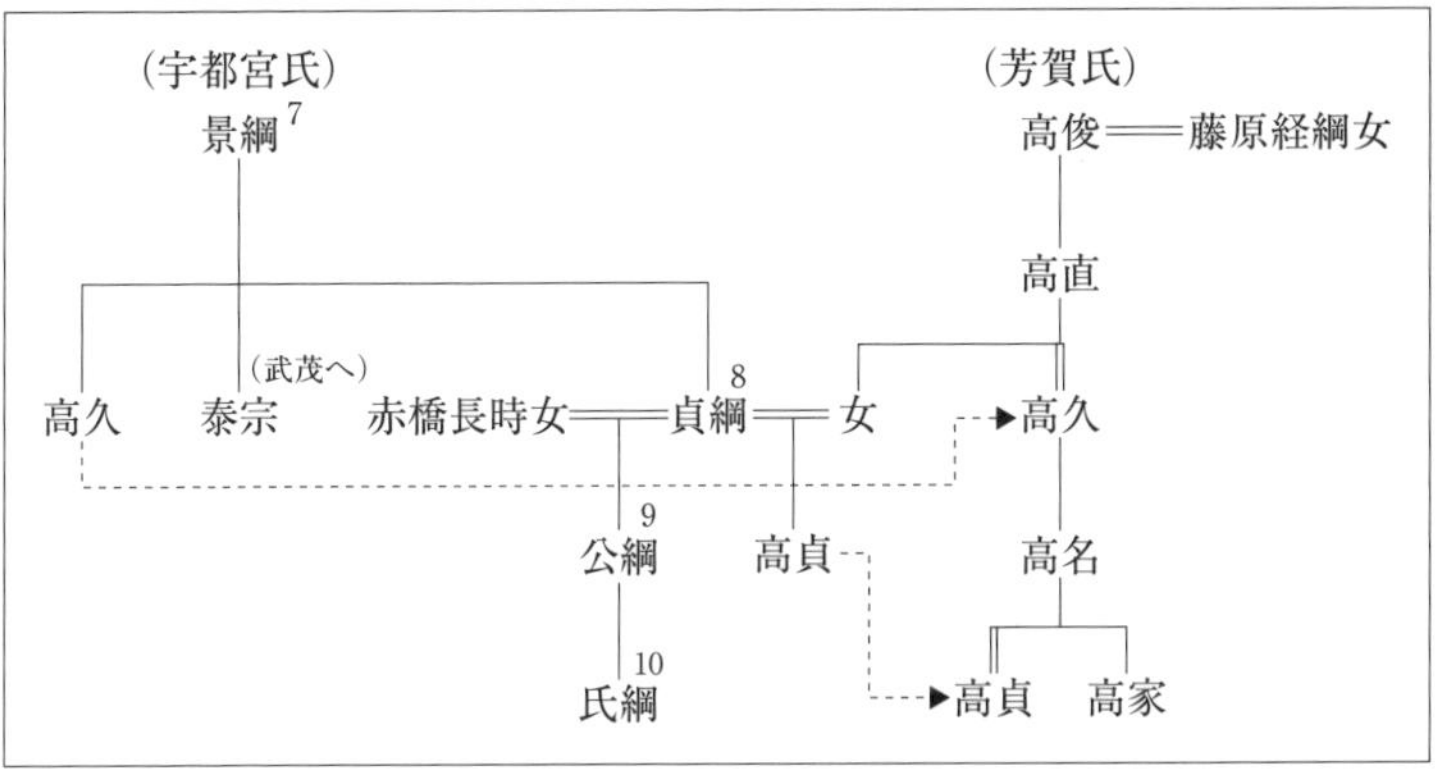

図49　宇都宮氏・芳賀氏　婚姻等関係図

小山氏の居館跡も二〇〇《メートル》四方であることを考えると、興味深い数字である。

出土遺物は3期のかわらけの他、常滑甕（中野5～6型式）や青磁鎬連弁文碗（Ⅰ—5b類）、梅瓶、口禿げ白磁皿（Ⅸ1c類）など貿易陶磁や国産陶磁が出土している。

（二）南北朝期の飛山城を取り巻く動向

一三三三（元弘三・正慶二）年に宇都宮高綱（のちの公綱《きんつな》）は、鎌倉幕府の命を受けて摂津の天王寺付近で楠木正成《くすのきまさしげ》と対峙する。『太平記』には正成が「宇都宮は坂東一の弓矢取りなり。紀清両党の兵、もとより戦場に臨んで命を棄つること塵芥よりもなお軽くす」と評し、正面きっての合戦を避けたことが書かれている。紀清両党の紀は益子氏、清は芳賀氏のことであり、その勇猛振りが全国に知れ渡っていたことがわかる。この年の

表10　1340年前後の動き

西暦	月	出　来　事
1338年	3	①北畠親房、常陸小田城に入る。
1339年	2	②春日顕国、矢木岡城・益子城を攻略。また、飛山、宇都宮勢と戦い勝利する。
	4	③春日顕国、飛山、宇都宮勢と戦い勝利する。
1340年	8	④顕国、飛山管轄下の石下城を攻略。その周辺を西明寺城の支配下に置く。
	10頃	⑤高師冬、宇都宮に陣取る。まもなく常陸瓜連城に後退。
1341年	6	⑥師冬、志筑城の益戸氏を攻める。
	8	⑦顕国、飛山城を攻略。
	10頃	⑧足利方の芳賀氏ら、飛山城を奪還。
	11	⑨師冬、小田城を攻略。親房、常陸関城に逃れる。
1343年	11	⑩師冬、大宝城・関城を攻略。親房、吉野に逃れる。

五月に鎌倉幕府は滅亡し、時代は建武の新政、そして南北朝動乱の時代となる。

宇都宮氏綱《うじつな》を補佐する芳賀高名《たかな》は、足利尊氏の北朝方に属する。表10は、北畠親房《きたばたちかふさ》が常陸小田城に入城した一三三八（暦応一・延元三）年から親房が吉野に逃れるまでの南朝・北朝方の動きである。

一三四一（暦応四・興国二）年に飛山城は南朝方の春日顕国《かすがあきくに》軍に攻められいったん落城するが、その後まもなく芳賀氏の手に戻ったようである。次の史料は、春日顕国が結城親朝《ゆうきちかとも》にその落城を知らせたものである。

> 春日顕国書状写（結城古文書写）
> 委細先度（道脱）顕書記専使之時令申了、当所凶徒之体、御方合戦之様、善応寺方丈見知之間、定可被語申候、如此凶徒微弱之境節尤宜候、御

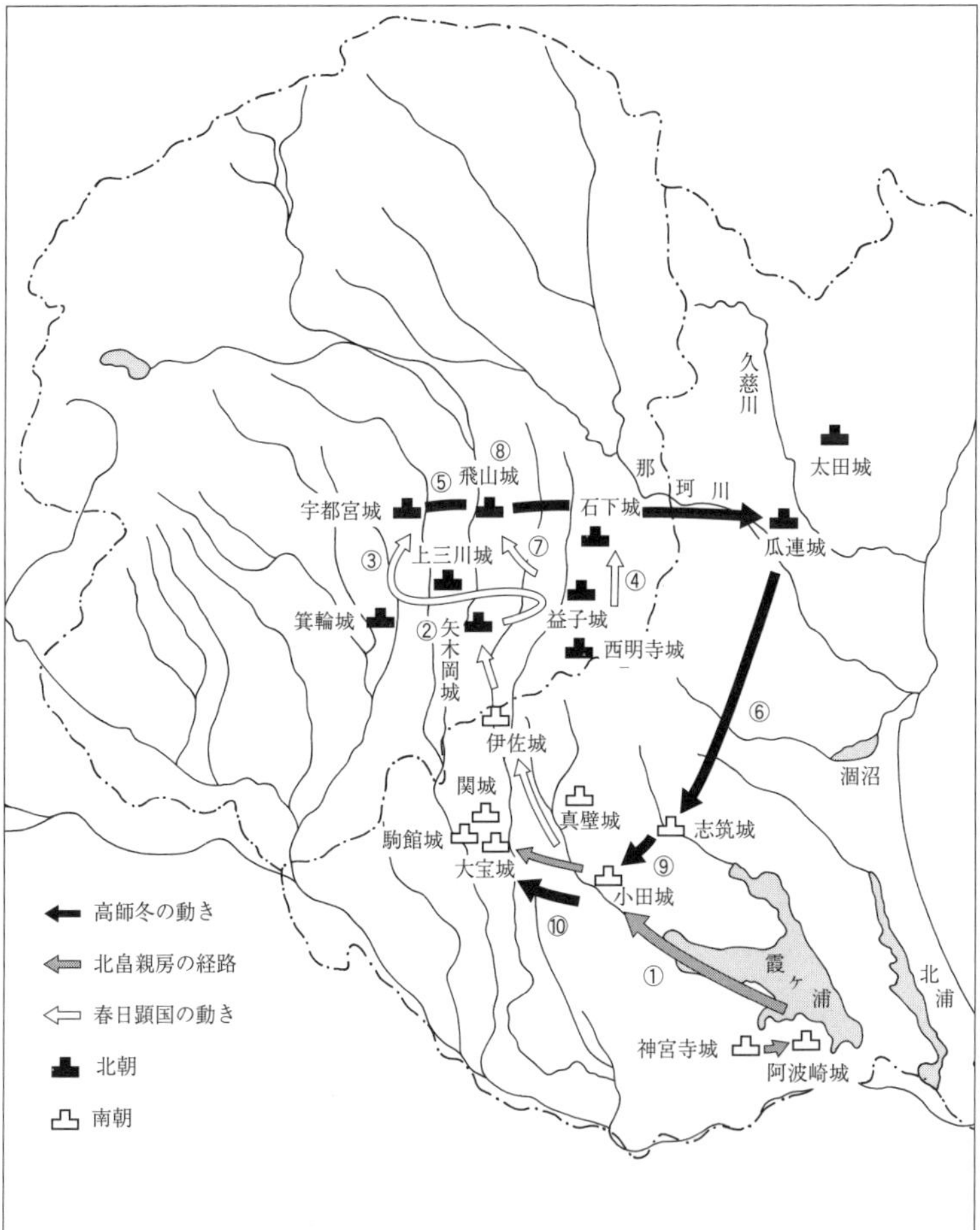

図50　1340年前後の北関東における南朝・北朝方の動き
（図中①～⑩は表10の出来事に対応）

> 進発以夜継日可有御忠候、下野国鵰山城今月一日没落之間、弥不可有路次之障导（碍）候、若猶当其時有難儀者、為御向可令発向候、委細方丈令申候、謹言
> （暦応四年）八月廿三日　（春日顕国）（花押影）
> 　（親朝）結城修理権大夫殿

一三五一（正平六・観応二）年には、宇都宮氏綱と芳賀高名が尊氏からの催促に応じて出兵し戦功をあげ、その功績により氏綱は上野・越後の守護職に、芳賀高貞・高家は両国の守護代に任命された。

このように文献史料からは、飛山城の攻防や芳賀氏の活躍が見えてくる。調査の結果からも、この時期の遺物が多く出土することがわかる。

飛山城の落城前後の一三四一年前後は、十四世紀前葉～中葉への過渡期にあたる。この落城を契機に掘立柱建物跡はⅠ期からⅡ期へ、竪穴建物跡は①期から②期へ建て替えた可能性が考えられるが、竪穴建物②期としたＳＴ１３出土の梅瓶は被熱しており、一三四一年の落城以前に存在していた可能性がある。このことから、史実との整合性を得るためには竪穴建物②期をさらに細分する必要がある。

調査ではこれらの遺構を防御する堀等の施設を確認することができなかったが、遺構の分布から次のような想定が考えられる。掘立柱建物跡は前時期同様に北側に集中する。一方竪穴建物跡は、4号堀の南側にもつくられ、ＳＴ１１のように東側への広がりも見える。よって図52のように東側に城の範囲を拡張した可能性がある。

遺物は、古瀬戸（中様式）をはじめ、常滑甕（7・8型式）のものが多く出土する。また、青磁の酒会壺・梅瓶・香炉・仏花瓶《ぶっけびょう》など威信財とい

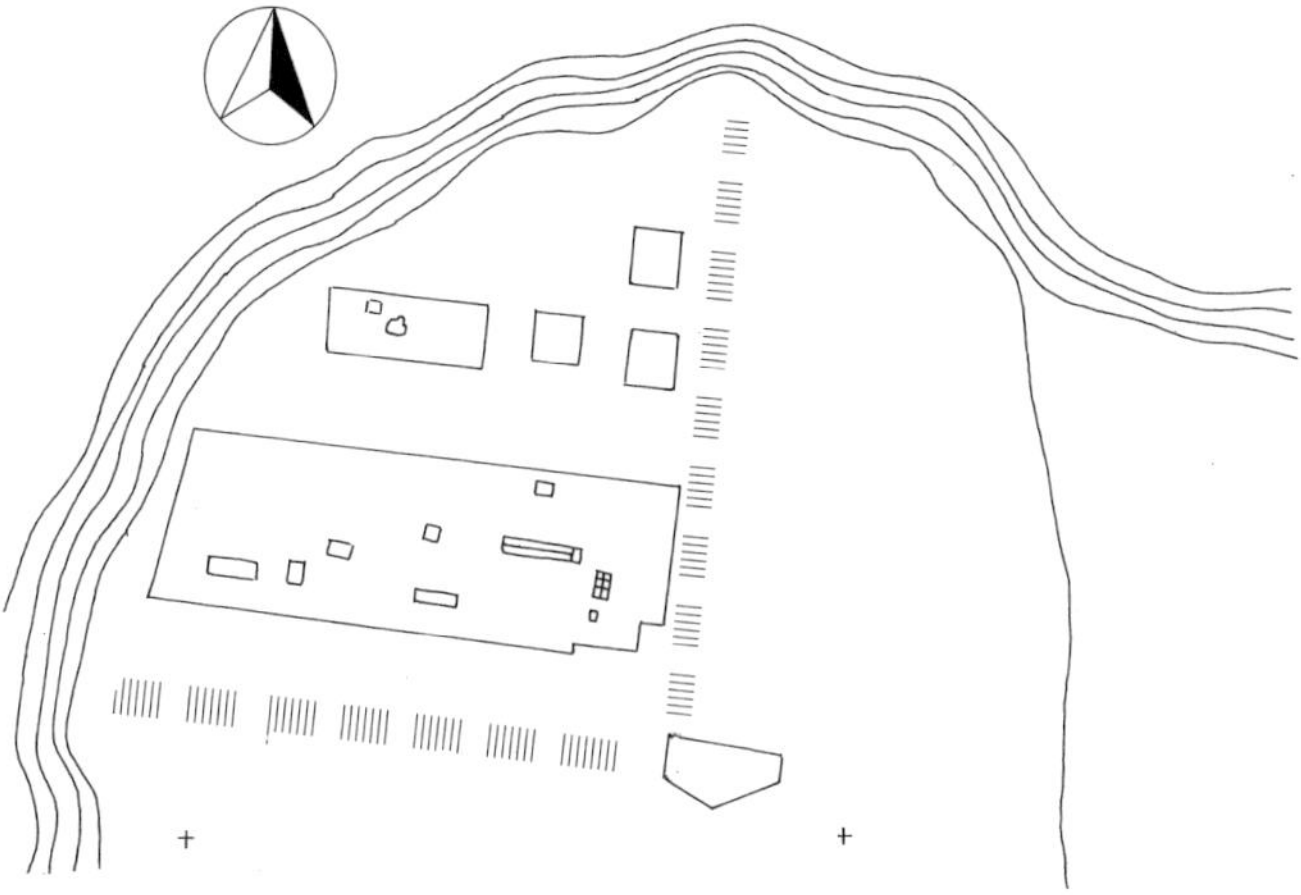

図51　飛山城想定変遷図　第Ⅰ期

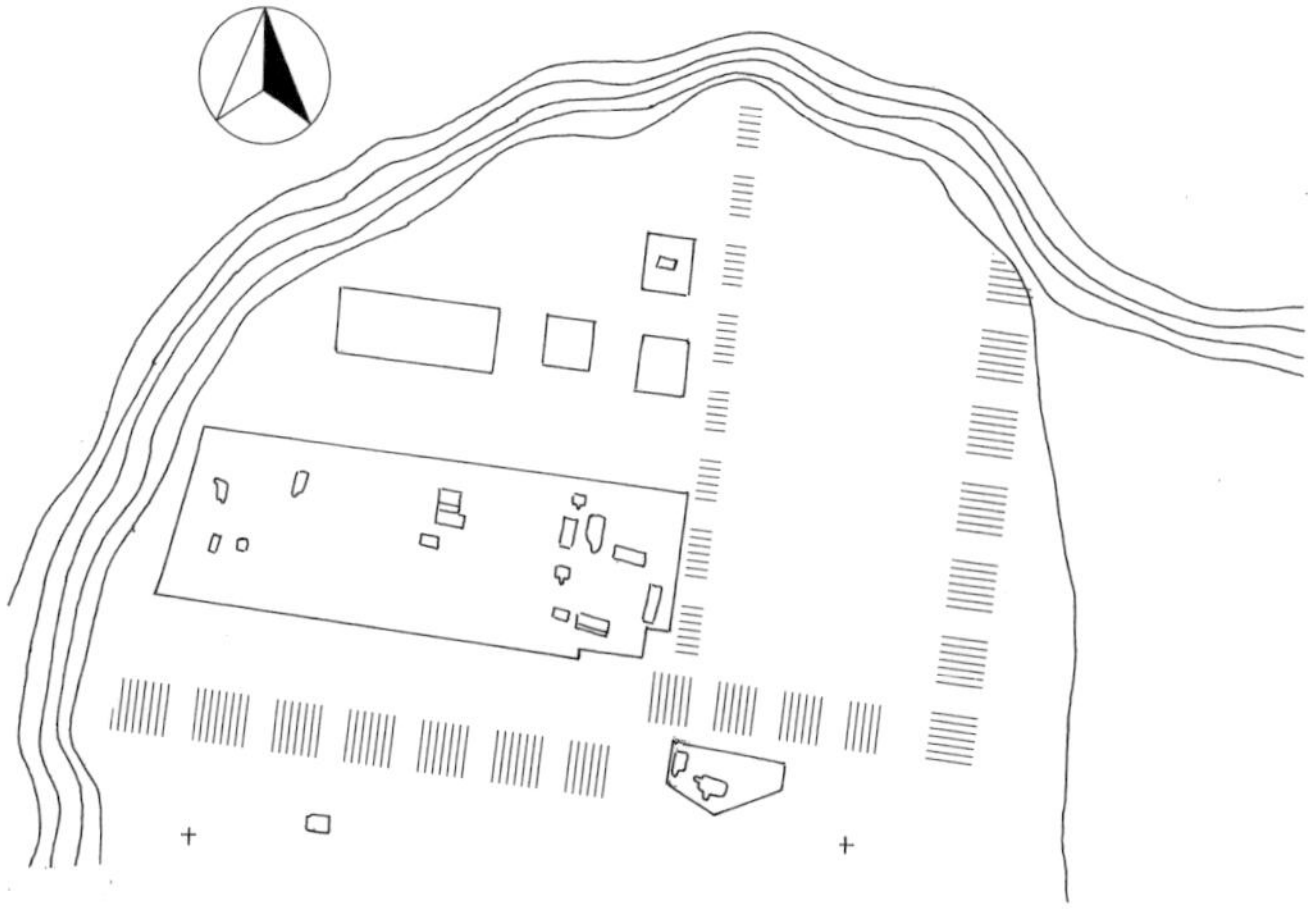

図52　飛山城想定変遷図　第Ⅱ期

える遺物も出土している。

金属製品のなかには青銅製の水瓶のつまみがあり、愛媛県の大山祇《おおやまづみ》神社の奉納物に類似品が見られることから、当時もかなり貴重品であったと考えられる。また、ST12の床面からは瀬戸卸皿のほぼ完形品と青銅製火舎香炉が出土している。

石製品には茶臼があり、瀬戸天目茶碗と合わせてこの城のなかで茶の湯が行われていたことを示す資料として貴重である。また、県内では出土例が少ない石鍋も出土している。高橋学は、石鍋の出土地について物流の中継地・拠点としての性格を有する居館等からの出土を指摘する。飛山城は、鬼怒川流域の水上交通の要衝に位置することから、経済活動の一拠点として存在したことを裏づける資料といえる。

このような遺物の存在や、南北朝の動乱期を記す文献史料の「松平結城文書」「結城古文書写」中に芳賀氏の居城である御前城の記述はなく飛山城のみが登場することは、この城が単なる芳賀氏の支城ではなくその拠点の一つであったことを物語っているといえる。

また、この時期の芳賀氏の当主は高名で、系図にはその子高家が飛山城主とある。市村高男は、高名が宇都宮公綱と従兄弟であり、その特殊な地位をもって、宇都宮氏の実権を掌握しようとしていたと指摘する。前述するような遺物をもちえたのも、このような立場によるところが大きいと思われる。

(三) 空白期の飛山城

飛山城の歴史において十五世紀の中葉～後葉は文献史料的に空白の時期である。確認できている遺構の数は少ないが、掘立柱建物跡のⅢ期、竪穴建物跡の③期の遺構が確認されることから、この城が継続して使用されていたことがわかる。

少し時期はさかのぼるが、一四一六（応永二十三）年に上杉禅秀《うえすぎぜんしゅう》の乱があり、このときの功労として宇都宮持綱は上総守護に補任されている。そして、持綱は芳賀右兵衛尉を上総守護代としている。このことからも、依然として芳賀氏が宇都宮家中において強い影響力を保持していたことがわかり、宇都宮城にいちばん近い芳賀氏の一拠点として、この城が引き続き機能していたことを想像させる。

この時期に曲輪Ⅵにも竪穴建物等の分布が見られるようになることから図53のように城域が拡大したと想定される。

(四) 戦国期の飛山城を取り巻く動向

一四六七（応仁元）年の応仁の乱以来、全国各地で戦が行われるようになる。

一五四九（天文十八）年、五月女坂《そうとめざか》の合戦において宇都宮尚綱《ひさつな》が戦死すると、那須氏と手を結んだ芳賀高照《たかてる》は宇都宮城を占拠し、さらに一五五一（天文二十一）年には、壬生綱雄《みぶつなたけ》が北条氏康の意を受けて宇都宮城に入城する。このようななか、芳賀氏当主であった高定《たかさだ》は、尚綱の遺児伊勢寿丸《いせじゅまる》（のちの広綱《ひろつな》）を擁して真岡城にこもり、宇都宮城奪回の機会をうかがい、一五五五（弘治一）年に高照を真岡城に誘い出し謀殺、さらにその二年後に、古河公方足利義氏《こがくぼうあしかがよしうじ》の命に応じた佐竹義昭《さたけよしあき》が広綱・高定を支援するため五〇〇〇の兵を率いて飛山に在陣し、これにより綱雄は宇都宮城を退却、広綱は宇都宮城に帰還する（図55①）。

かわらけ7～8期がこの時期にあたり、遺構としては掘立柱建物跡Ⅳ期・竪穴建物跡④期がこれにあたる。

次に、この時期の堀の変遷についてみてみた

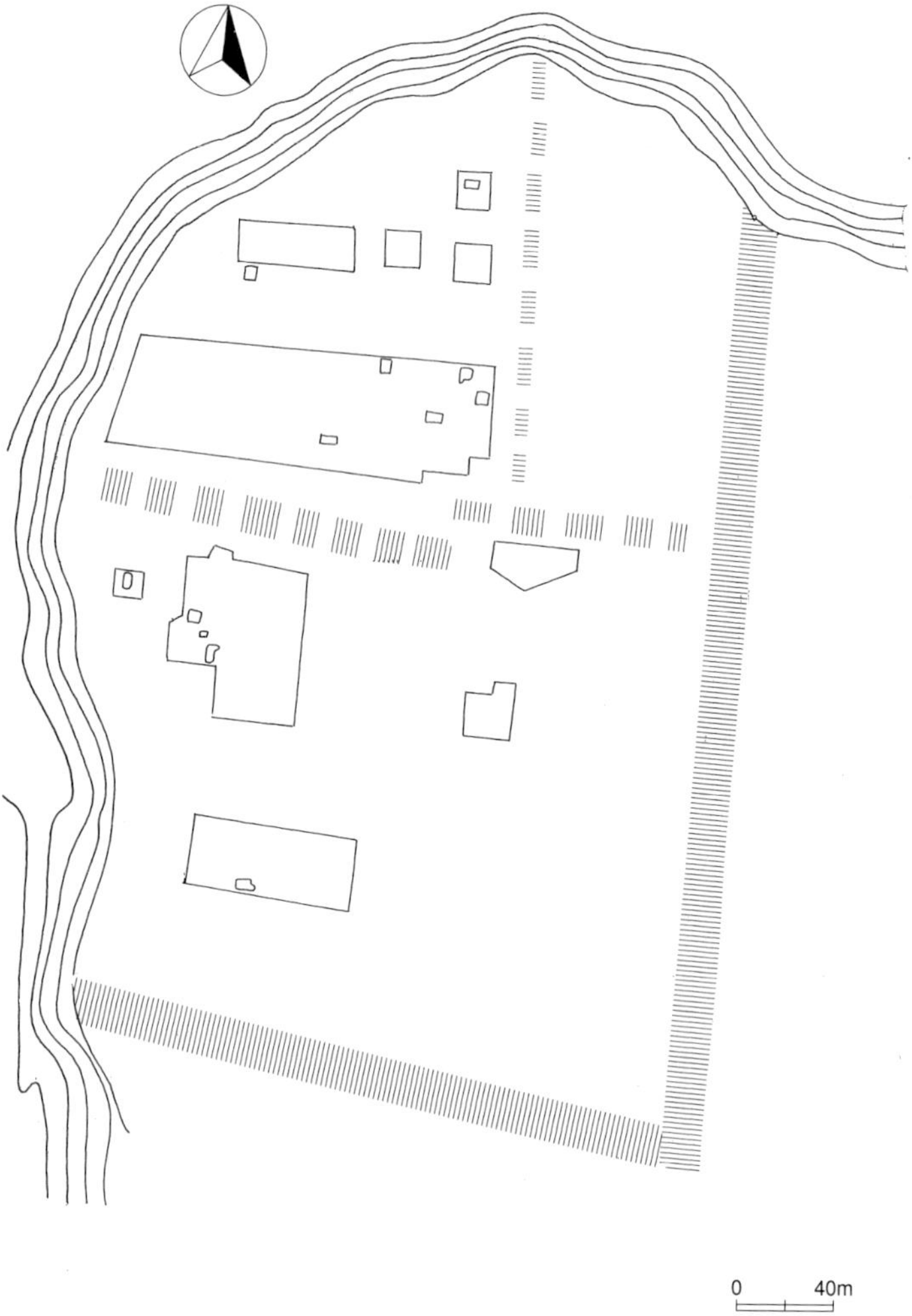

図53　飛山城想定変遷図　第Ⅲ期

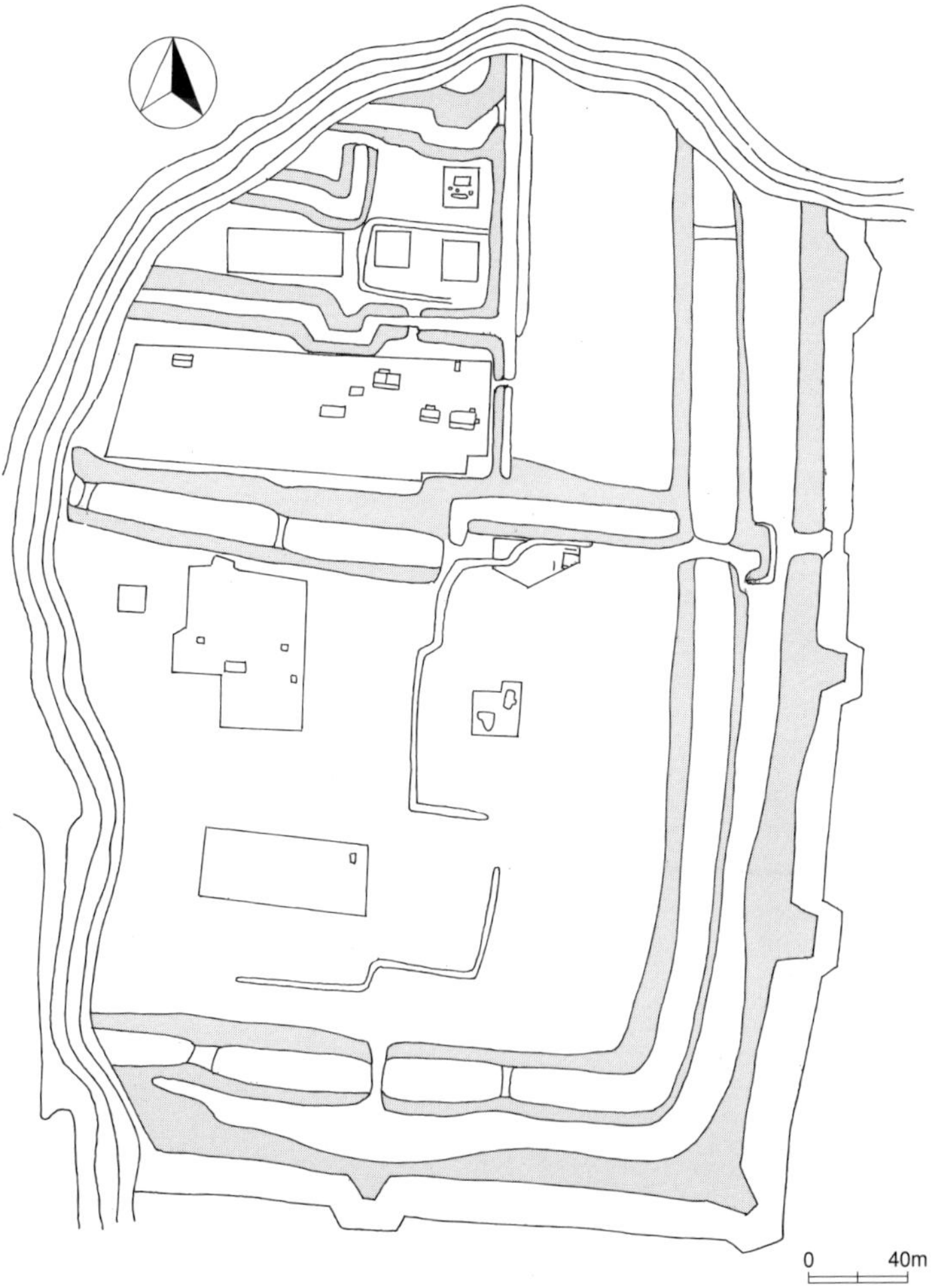

図54　飛山城想定変遷図　第Ⅳ期

い。

ＳＴ０４は、十六世紀代に整備されたと考えられる2号堀により切られており、それ以前の竪穴であることがわかる。陶磁器は出土していないが、かわらけは床面直上からの出土で一括性が高く、その形態的な特徴からかわらけの7期に位置づけられる。そして、この竪穴は人為的に埋め戻されていることから、7期内に堀の掘削が行われた可能性がある。同様な状況は、3号堀とＳＴ０5・ＳＴ０８の切り合い関係でも見られ、少なくとも1号〜3号堀の掘削が同時期に行われたことがわかる。

また、4号と5号に見られる堀内障壁《ほりないしょうへき》（堀障子）は、井上哲朗のB—Ⅰ・Ⅱ類に属し、十五世紀前葉〜十六世紀前葉に見られるとのことである。調査の結果では、旧5号堀の段階では堀内障壁はないようであることから、5号堀Aの段階で設置された可能性が高い。5号堀は、先に述べたように少なくとも三回の掘り直しを行っている。堀の形状は箱堀→薬研堀《やげんぼり》に変わり、さらに、AからCへの掘り直しにより堀の上幅が増している。

このように箱堀を埋め戻し薬研堀につくりかえている事例は、青森県尻八館でも見られる。逆に、奈良県下垣内では、薬研堀から箱堀につくりかえられているが、千田嘉博は、鉄砲に対する防御力の向上のため箱堀が多く使われるようになったと指摘する。最終段階の5号堀Cは箱堀ではないが、上幅を広げているのは、鉄砲を意識した結果なのであろうか。

以上の点から、十六世紀の前半段階に、飛山城の構造に大きな変化があったことがわかる。

6号堀がいつつくられたかについては、「横矢掛け」を狙った突出部と虎口施設の設置がポイントとなる。

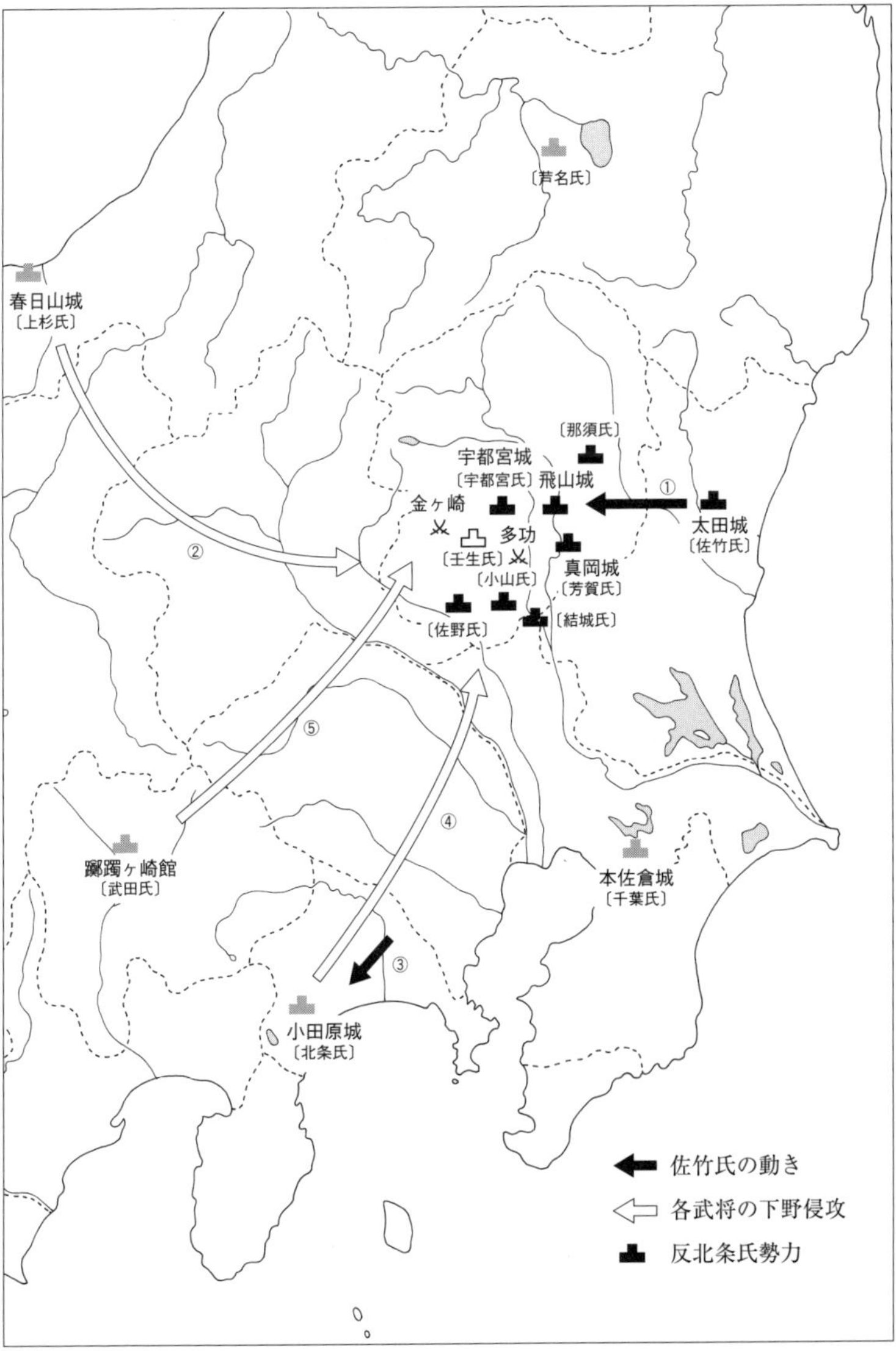

図55　1550～1575頃の宇都宮氏関連の動向

この時期の飛山城に関する文献は、「今宮祭祀録」と「芳賀高継書状写」がある。前者は、一五五七（弘治三）年の宇都宮城奪還のために飛山城が前線基地として使用され、その際に佐竹の援軍五千が在陣したという内容の文書である。この時点でかなり大規模な城郭になっていたことが推測される。後者は、一五八七（天正十五）年に芳賀高継が家臣の平石主膳亮《ひらいししゅぜんのすけ》に宛てた文書で、中下級の家臣団の在番衆が談合しながら油断なく普請等の任務にあたるよう指示している文面のものである。

この段階では、宇都宮氏は後北条氏の激しい攻撃にあい、本拠を宇都宮城から北西九キロの多気《たげ》城に移していたと考えられており、宇都宮城と真岡城の中継基地としての役割のあった飛山城の地位は低下していたものと考えられ、この時点での大改修は考えづらい。さらにこの時期の出土遺物もきわめて少なく、常時多人数が詰めていた様子はうかがえない。

この二つの文献から、6号堀の設置時期について二とおりの考え方ができる。①現存する文献史料を重視し、一五五七（弘治三）年前後の改修により櫓台などをもつ6号堀が設置されたとする考え。②横矢や虎口などの形態から、永禄以降一五八七（天正十五）年以前とする考え。なお、虎口の形態が千田嘉博の「2折・1空間」に相当するものであれば、千田Ⅳ期（一五七六〔天正四〕年～一五八二〔天正十〕年）となる。

①案の場合は、築城技術の成立および導入時期の問題が残る。千田嘉博は、永禄～天正一ケタ代に、「横矢掛け」を狙って塁線を屈曲させる防御ラインの形成が定まったとする。また、村田修造は、枡形や馬出しの完成は、実年代では織豊期にずれ込むとし、後北条氏の場合は、虎口はかなら

ず横矢の射程範囲内に設けられると指摘する。

一方で、福島克彦によれば天文期以前に山科本《やましなほん》願寺《がんじ》で横矢の張出しが見られるとのことであり、また、武田氏館西曲輪は一五五一（天文二十）年に建設が着手され、翌年完成とされているが、関口和也はこの曲輪北側の枡形虎口をこの時期の設置とみる。さらに、真理谷《まりやつ》武田氏一族の城で千葉県木更津市の笹子《ささご》城跡では、内枡形虎口が確認されているが、この城の廃城時期は十六世紀中葉とのことである。

松岡進が、「各地域の中世城館の個性的な築城技術の発展に認められる多様性と共通性の全貌は、なおはるかに遠望できる程度」と指摘するように、横矢や虎口の研究がさらに進化すれば、①案の可能性も出てくるものと思われる。

②案は、構造的にこの時期に位置づけることに問題はないが、今のところこれに関連する文献史料が見つかっていない。強いて言うならば、一五七七（天正五）年に小山の祇園城が北条氏照の管轄下に入り、宇都宮・芳賀氏は直接後北条氏と接することになり、これ以降、度重なる攻撃を受けることになる。

ちなみに高継は一五七七（天正五）年に真岡城の大改修を行っていることが、「日下田家文書」の普請惣奉行任命文書からわかる。このような状況下において、飛山城の補強工事が行われた可能性もある。

以上、細かい時期の特定は見送るが、十六世紀の後半に現在のような城の形になったことは間違いない。

なお、飛山城とは直接関係する文書ではないが、6号堀設置の時期を考える上で鍵を握る文書を紹介しておく。この文書は、飛山城から東方約十㌔に所在する祖母井《うばがい》城攻めに関する次のような記録である。

> 塩谷伯耆守・同兵部太輔・西方河内守・上三川次郎・徳雪斉・那須資胤、都合その勢三千余騎、彼の城へ進み寄せられ、宮衆は軾・壁・尺木を取り破り、外城・中城へ攻め入る、城中より石弓・鉄鋒雨の如し、これを拘るあたわず、実城一重に擽ち詰め候処、城主祖母井清三郎角を折らしめ、甲を脱ぎ、証人を出し、手を束ね、降参を乞うの間、大将慈憐の義を持って降免せしめおわぬ

この史料の年代は不詳であるが、新川武紀は、壬生周長《ちかたけ》と綱雄が宇都宮城を乗っ取った時期で、しかも壬生氏と那須氏の同盟関係が破れる前のもの、すなわち一五五五（弘治一）年から三年の間と推定する。

この戦いに使われた武器のなかに「鉄鋒」の字が見える。これが、新川が指摘するように鉄砲を指しているとすれば、かなり早い段階の使用例となる。鉄砲の伝来は一五四三（天文十二）年が通説とされ、一五七五（天正三）年の織田信長の長篠の合戦での使用が有名である。

久留典子によれば、「永禄十年代になると鉄砲の重要性は東国大名たちに認識され始め導入されたが十分な数を入手する条件が整っていなかった」とのことである。小高春雄も房総における鉄砲導入の検討から一五六四（永禄七）年以降から末年の間に導入の画期があったと指摘する。このように東国における鉄砲の普及は、一般的には永禄以降といわれていて、先の文書と齟齬が生じる。

一方、一五五三（天文二十二）年に、足利義輝が上野新田金山城主の横瀬雅楽助成繁に鉄砲一挺

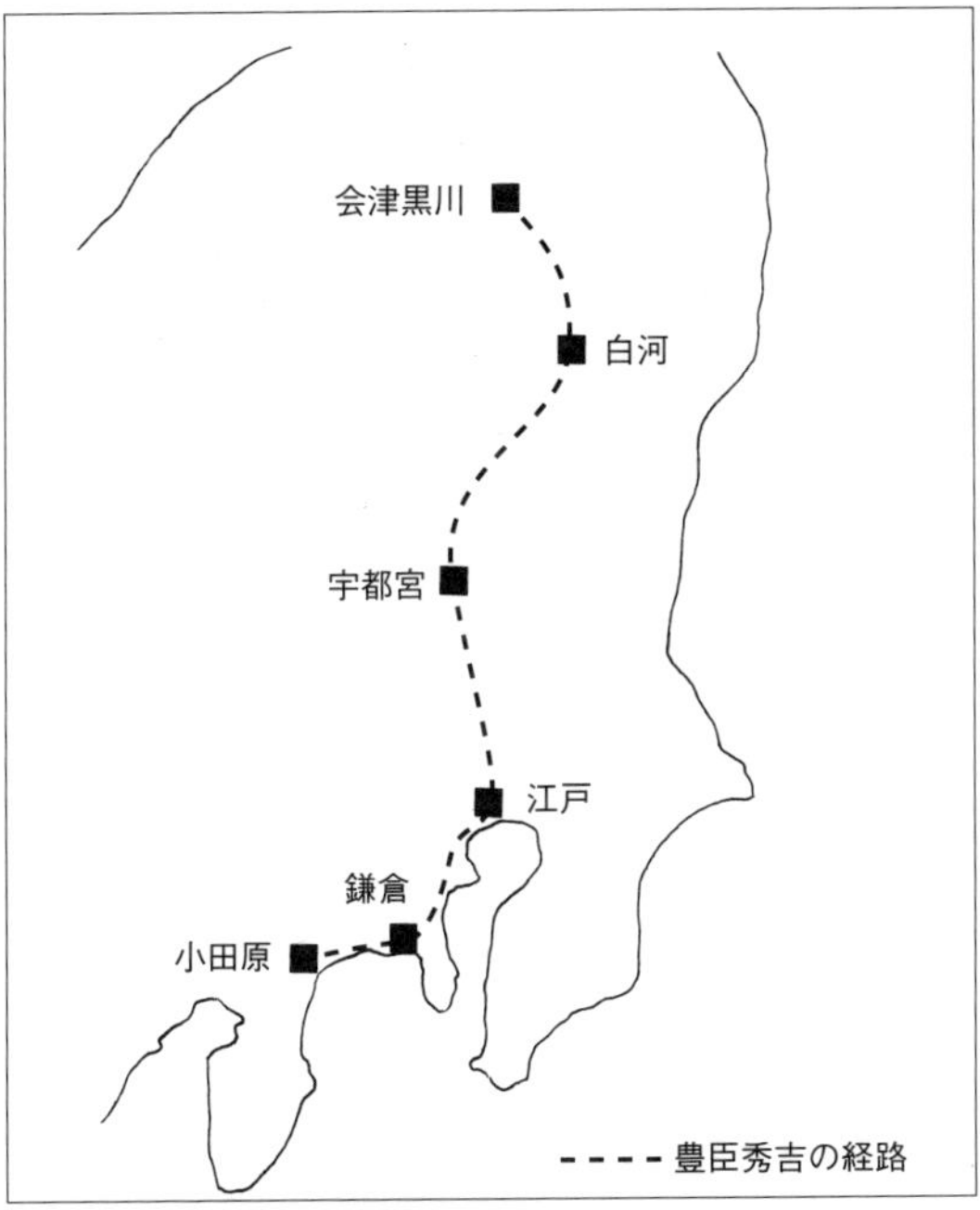

図56　北条氏滅亡直後の秀吉の動き

を贈っている。また、一五五五（弘治一）年に武田晴信が、粟田氏の城砦に鉄砲三〇〇挺を送っているなど、断片的ではあるが、この地域へある程度の量の鉄砲が流通していたのも間違いないよう

表11　遺構変遷表

時期	かわらけ	建物		堀				備考
		掘立	竪穴	1〜3号	4号	5号	6号	
13末〜14世紀	3期	Ⅰ期	①期					
	4期	Ⅱ期	②期					
15世紀	5期							
		Ⅲ期	③期					
	6期					旧		
16世紀	7期		④期			A		
	8期	Ⅳ期				B		堀障子
	9期					C		

図57　土塁を崩して埋められた堀

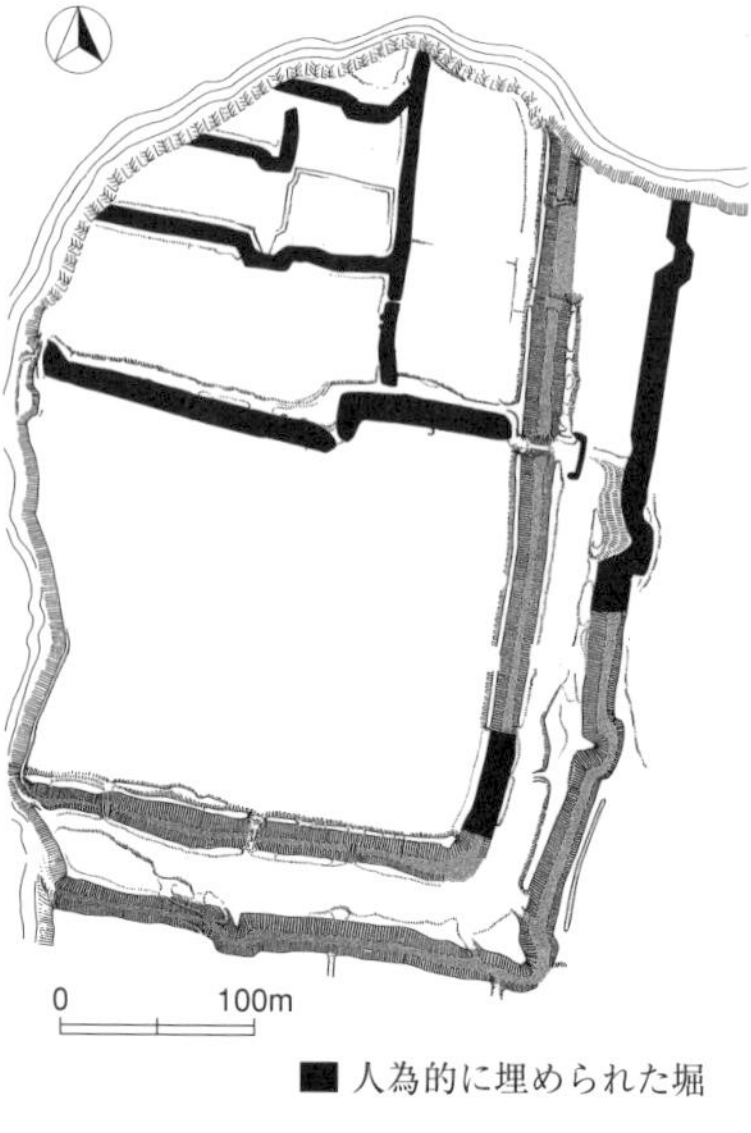

図58　破却の際に埋められた堀

である。

現時点では、この件について結論付ける材料を筆者はもち得ないが、もし、先の文献にあるように弘治年間に飛山城の周辺で鉄砲の使用があったことが確実となれば、櫓台間がほぼ一〇〇㍍と等間隔の理由や6号堀設置時期の問題も解決するかもしれない。

（五）飛山城の廃城と破却の実態

一五九〇（天正十八）年、豊臣秀吉は後北条氏を滅ぼした後、鎌倉、江戸を経由し七月二十六日に宇都宮に到着。八月四日までここに滞在し、「宇都宮仕置」を行う。そのなかに「佐竹・宇都宮ならびに家来のものども、多賀谷・水谷」の諸氏に対し、「いらざる城は破却せよ」との命令がある。

発掘調査の結果、図58にあるような主郭部分を囲む1～3号堀や4号堀・6号堀が土塁を崩して人為的に埋められていることが判明した。これは八巻孝夫が指摘するように「城破《しろわ》り」の状況を示しているといえる。

このことから、飛山城は秀吉の「破却令」の対象となり廃城となったと考えられる。

V　宇都宮氏関連の中世城館跡

ここでは、飛山城を取り巻く中世の様相をさらに把握する意味で、主家である宇都宮氏やその関係氏族の中世城館跡をみてみたい。

なお、図59は、新川武紀や荒川善夫の研究を参考に戦国末期の宇都宮家臣団の編成を模式図化したものである。ここでは、このなかの一族衆の城を中心にみていく。

1　宇都宮氏の城

二〇〇七（平成十九）年の合併以前の宇都宮市

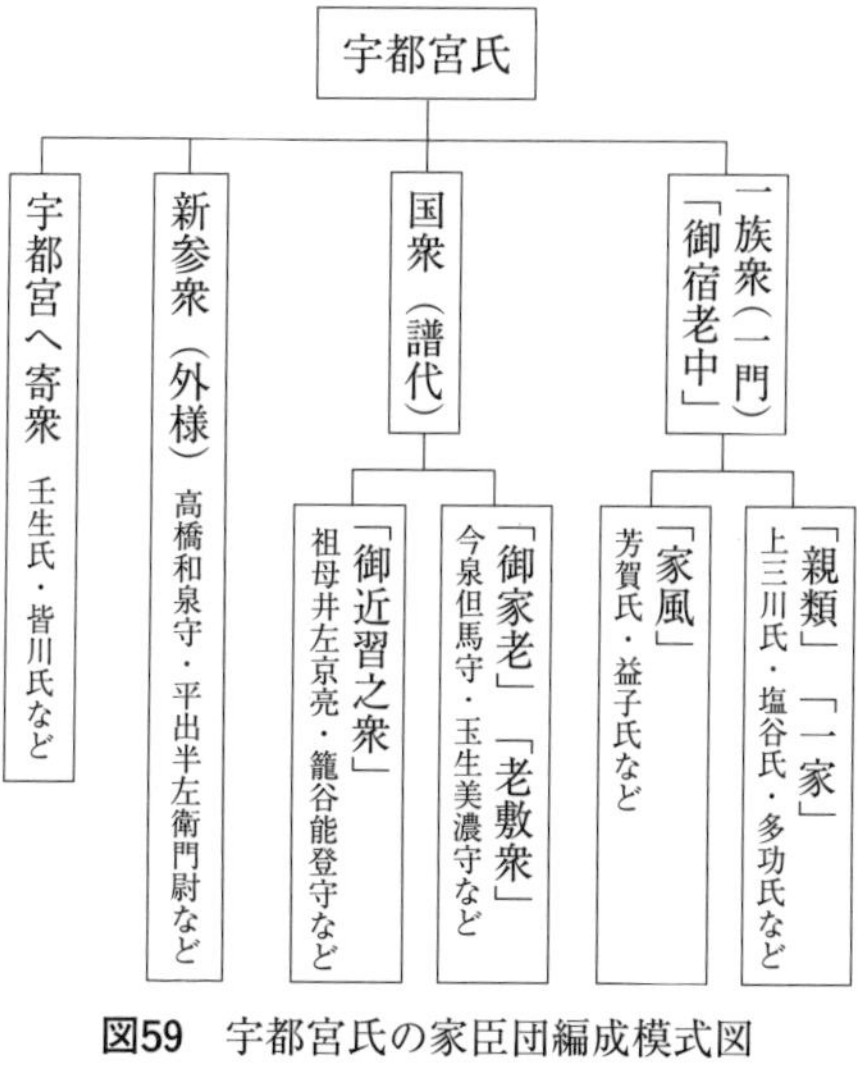

図59　宇都宮氏の家臣団編成模式図

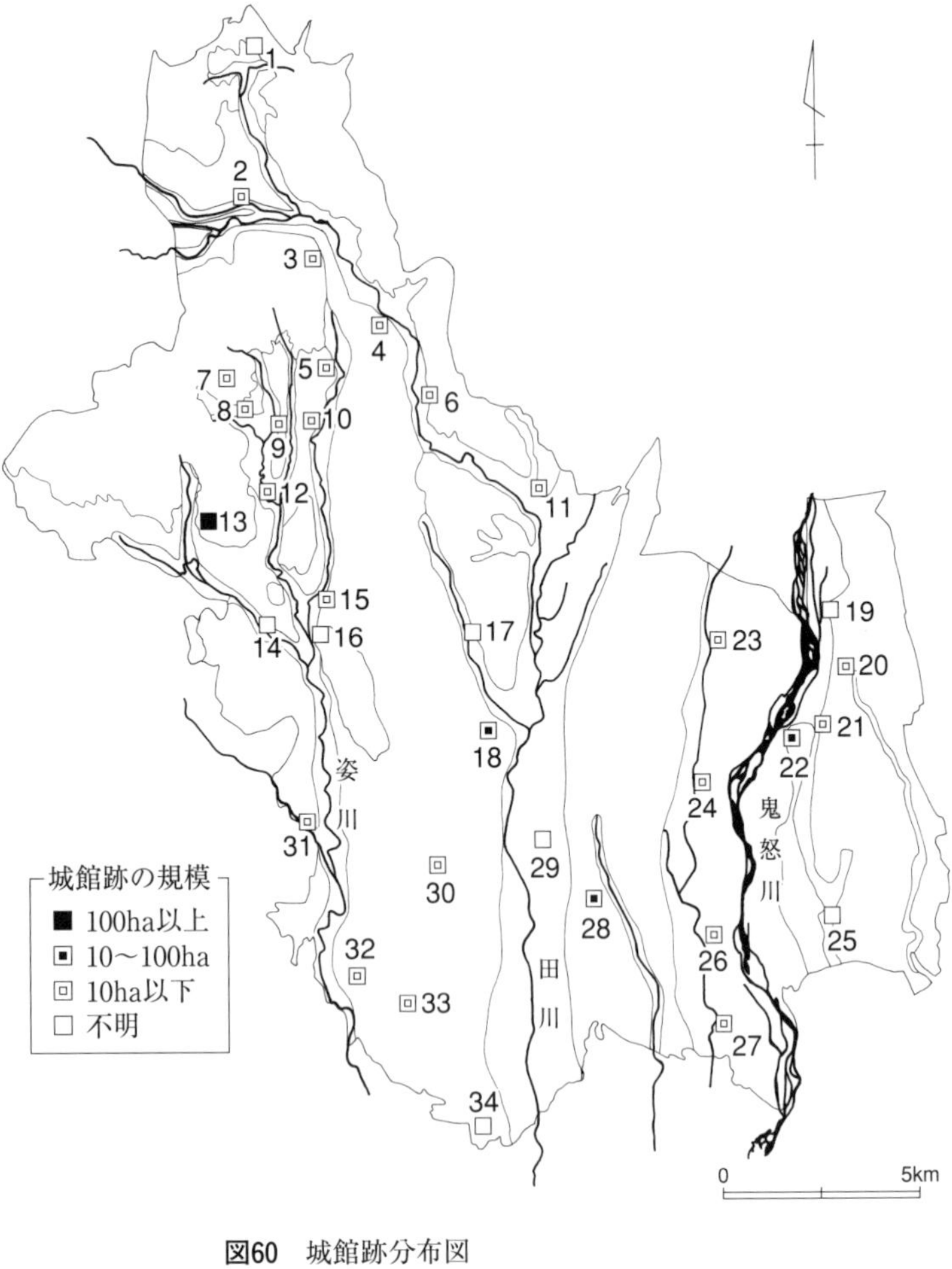

図60　城館跡分布図
(図中の番号は、表12のNoに対応)

表12　宇都宮市内（合併前）の中世城館跡一覧

No.	城館名	所在地	立地	堀・土塁	櫓台	井戸	備考
1	篠井城跡	篠井町	山麓	現存			
2	石那田館跡	石那田町	台地	現存		○	宇都宮氏家臣小池氏居城
3	堀の内城跡	徳次郎町	台地				
4	徳次郎城跡	徳次郎町	段丘	現存	○	○	(伝)宇都宮氏家臣新田徳次郎昌言居城
5	鎌掘館跡	徳次郎町					
6	下横倉城跡	下横倉町	丘陵	現存		○	(伝)宇都宮氏家臣横倉氏居城
7	雨乞山遺跡	新里町	丘陵				
8	田中城跡	新里町	丘陵	現存			
9	藤本館跡	新里町	山麓	現存		○	宇都宮氏家臣高橋氏居住
10	大堀館跡	新里町	段丘	現存		○	宇都宮氏家臣半田氏居住
11	北ノ館跡	瓦谷町	丘陵	現存			
12	岩原城跡	岩原町		現存			
13	多気城跡	田下町		現存	○		
14	羽下館跡	下荒針町	丘陵	現存			
15	中城跡	駒生町	段丘	現存			
16	北原城跡	駒生町		現存			
17	戸祭城跡	戸祭元町	台地				
18	宇都宮城跡	本丸町	段丘		○		
19	狸穴城跡	満美穴町	段丘				(伝)大谷玄蕃築城(応永年間)
20	淡路城跡	刈沼町	段丘				(伝)直井淡路守築城
21	同慶寺館跡	竹下町	段丘	現存		○	
22	飛山城跡	竹下町	段丘	現存	○		
23	平出城跡	平出町	台地	現存			
24	石井城跡	石井町	沖積地	現存			(伝)横田業澄築城(弘安年間)
25	上籠谷城跡	上籠谷町	台地	現存			
26	桑島城跡	上桑島町	沖積地	現存			
27	刑部城跡	東刑部町	沖積地	現存			(伝)刑部良業築城(応永年間)
28	猿山城跡	下栗町	台地	現存			(伝)猿山大学居城
29	東川田城跡	東川田町	沖積地				
30	江曽島城跡	江曽島町	台地				
31	根古屋城跡(犬飼城跡)	上欠町	台地	現存	○	○	(伝)小山義政築城(康暦元年)
32	樋口城跡	幕田町	段丘	現存			(伝)樋口主計頭築城(貞応元年)
33	横田城跡	兵庫塚町					(伝)宇都宮頼業築城(嘉禎三年)
34	茂原遺跡	茂原町	台地				

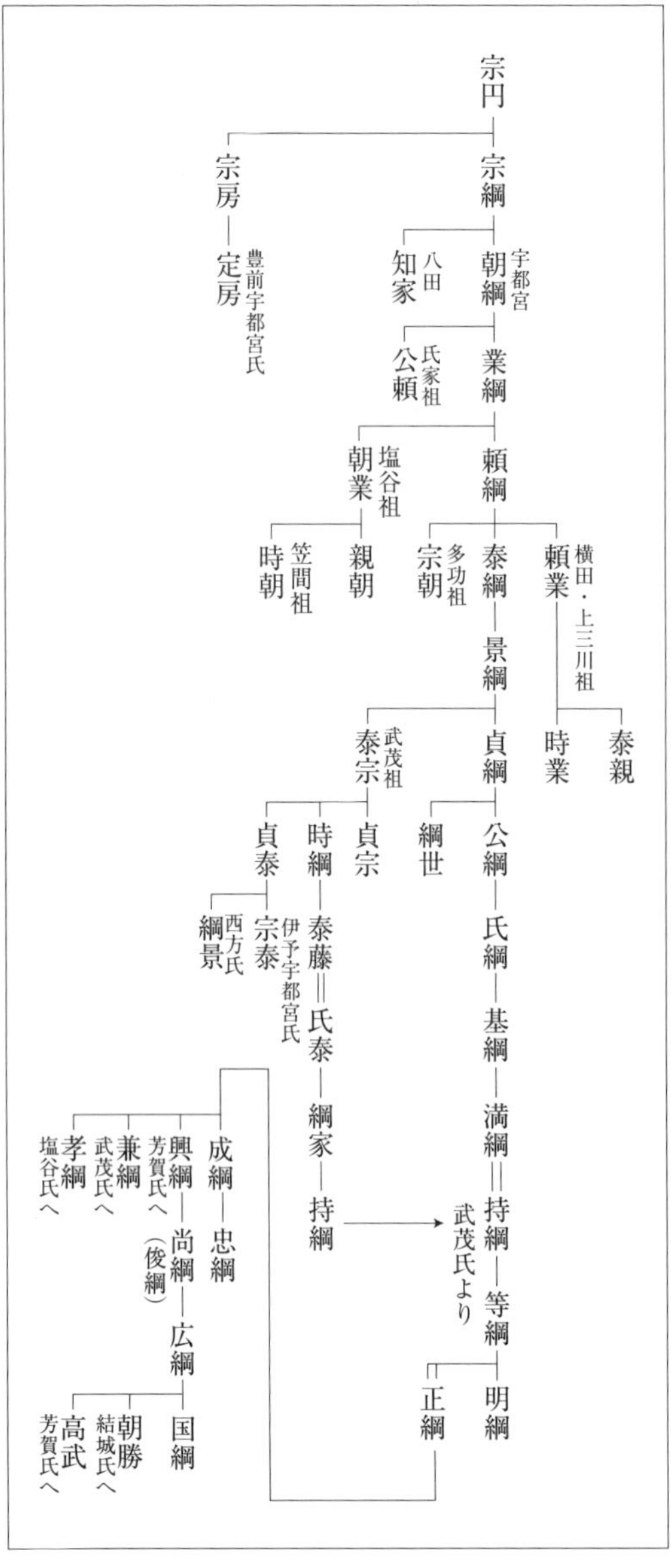

図61　宇都宮氏略系図

内には、図60に示すような約三〇の城館跡が確認されていた。その中心となるのが宇都宮城跡および多気城跡である。両城跡とも宇都宮氏の城であり、表12に示すとおりその周辺の城館は、一部を除いて宇都宮一族もしくは家臣の城である。

宇都宮城跡

宇都宮城は、田川の右岸に築かれた城で、宇都宮氏はこの城を居城として、城の北側に位置する二荒山神社の祭祀をつかさどりながら、周辺を支配した。この城は、初代の宗円が平安時代後期に築いたといわれ、い

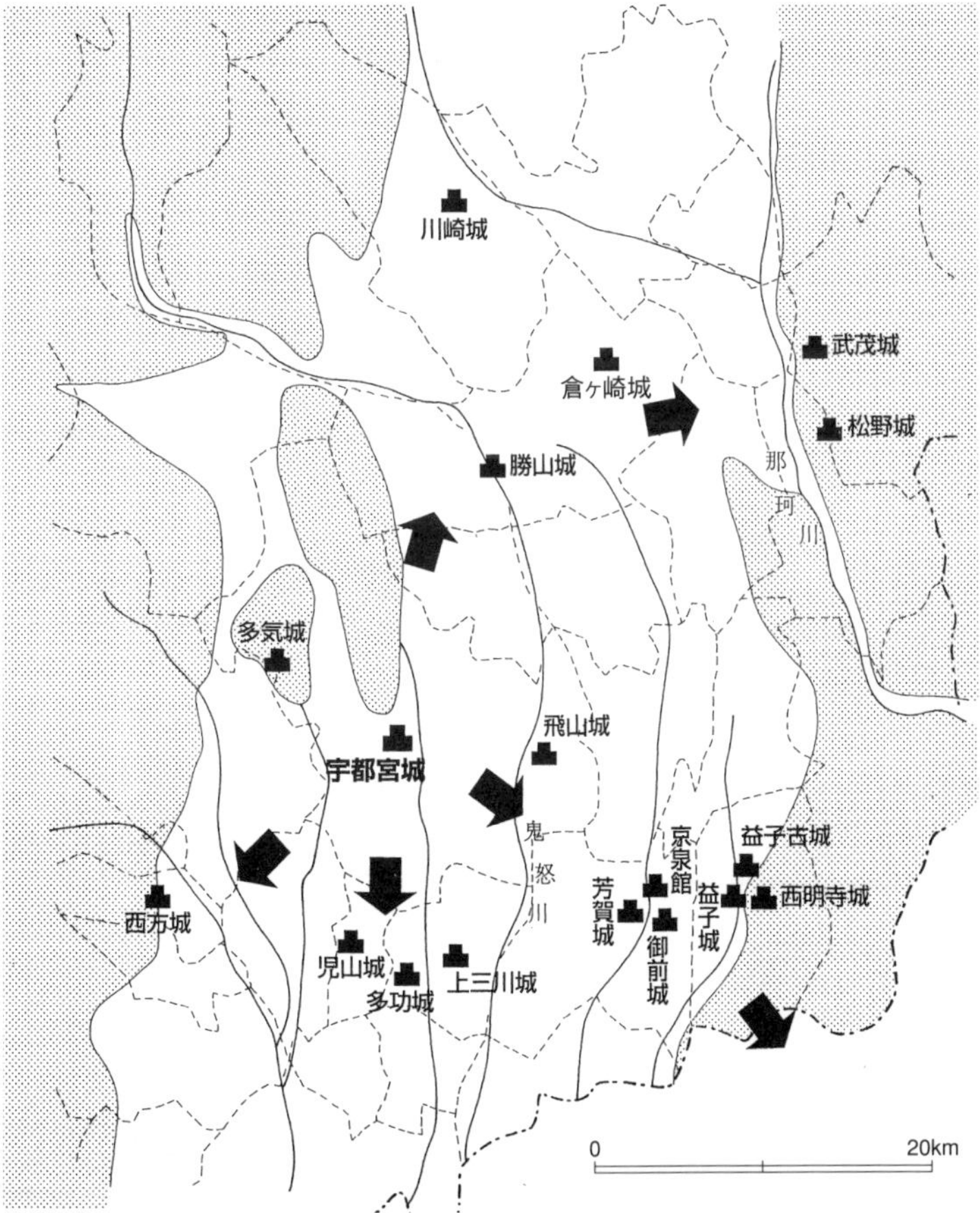

図62　主な宇都宮氏関連城跡分布図

くたびかの戦乱をとおして、城は大きくなり、構造も複雑になっていったと思われる。一五九七（慶長二）年、宇都宮氏が豊臣秀吉により改易されると、浅野長政や蒲生秀行が入り、江戸時代には奥平・本多・戸田といった譜代大名が城主となる。

一九八九（平成一）年から数次にわたって発掘調査が行われ、城の変遷が少しずつわかりつつある。

443号堀からは、十

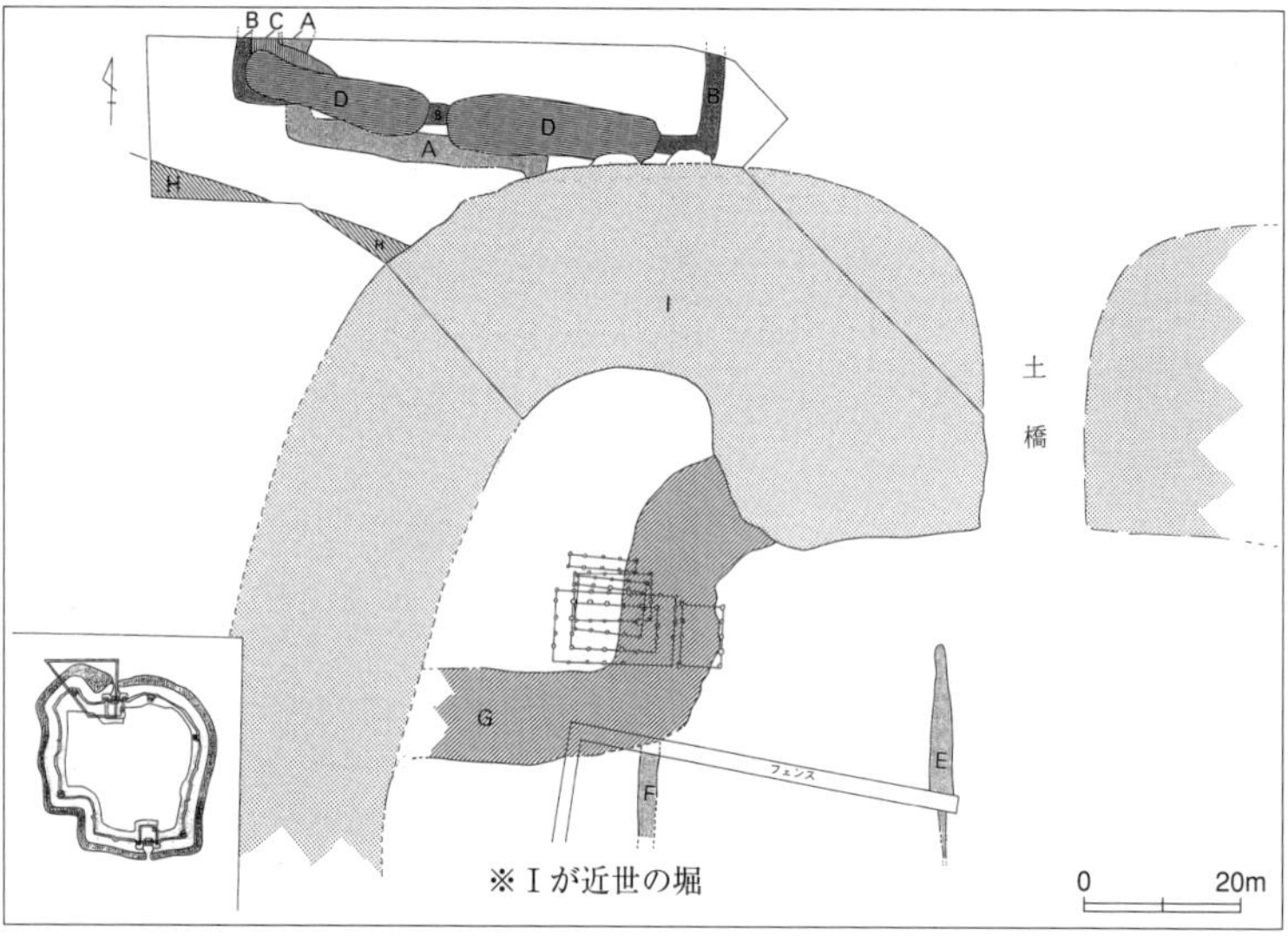

図63　宇都宮城の戦国～近世の堀

図64　漆塗り椀

図65　高麗青磁

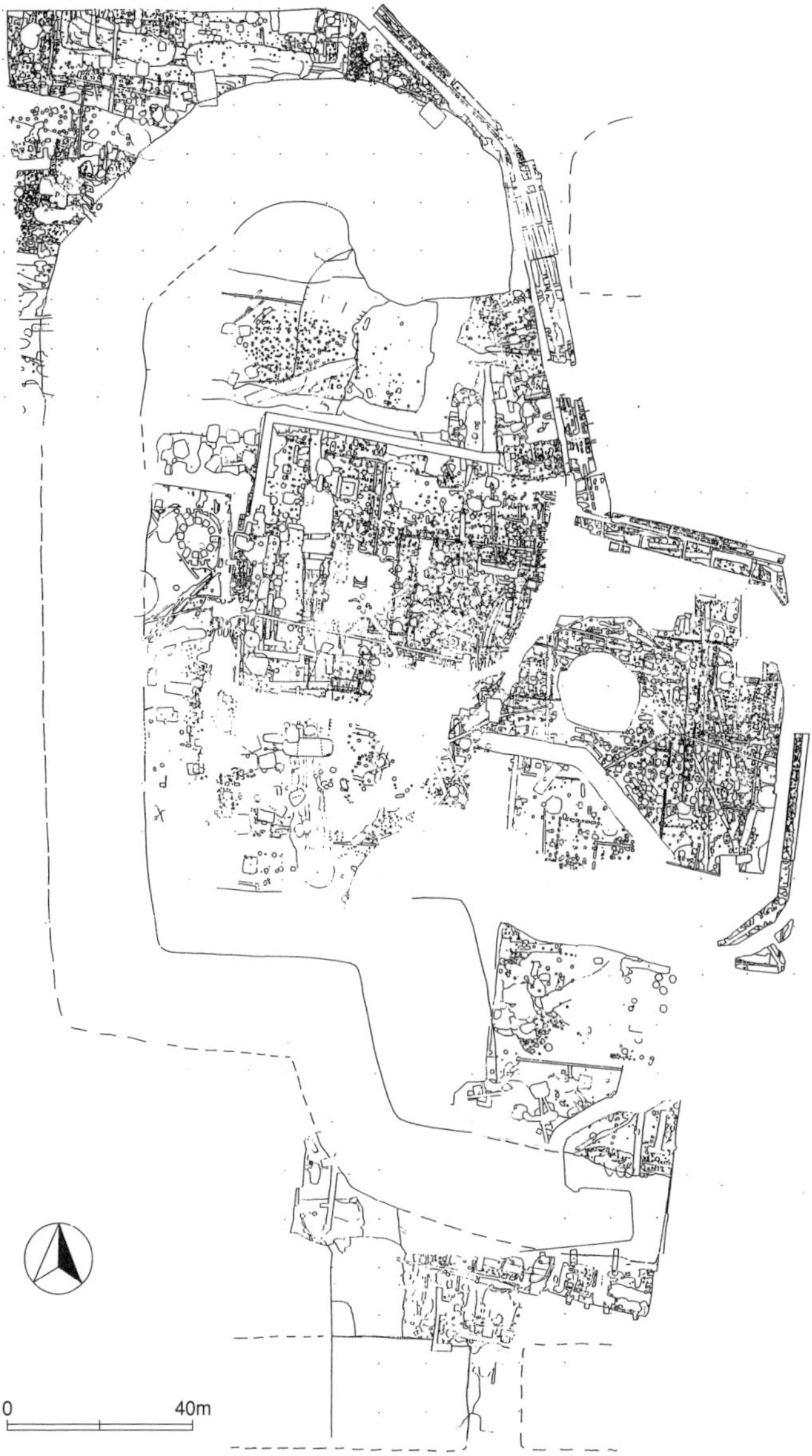

図66　宇都宮城跡遺構配置図

図67　多気城跡地形図

三世紀前葉のかわらけが多量に出土している。この堀は、調査区内で一部しか見つかっていないが、一辺が一八〇メートルを超える方形居館であった可能性があり、この時期には宇都宮氏の居館として機能していたと思われる。その後の度重なる戦闘を経て、徐々に戦国期城郭として規模を拡大していった。十六世紀後半には、上幅約一五メートル、下幅約四・五メートル、深さ約四・五メートルと大規模な水堀が掘られ、堅固さを増す（図63G）。

しかし、一五七〇年代以降になると後北条氏の攻勢が強まり、荒川善夫は、一五八五（天正十三）年に宇都宮氏が本城を多気城に移したとする。その後、一五九〇（天正十八）

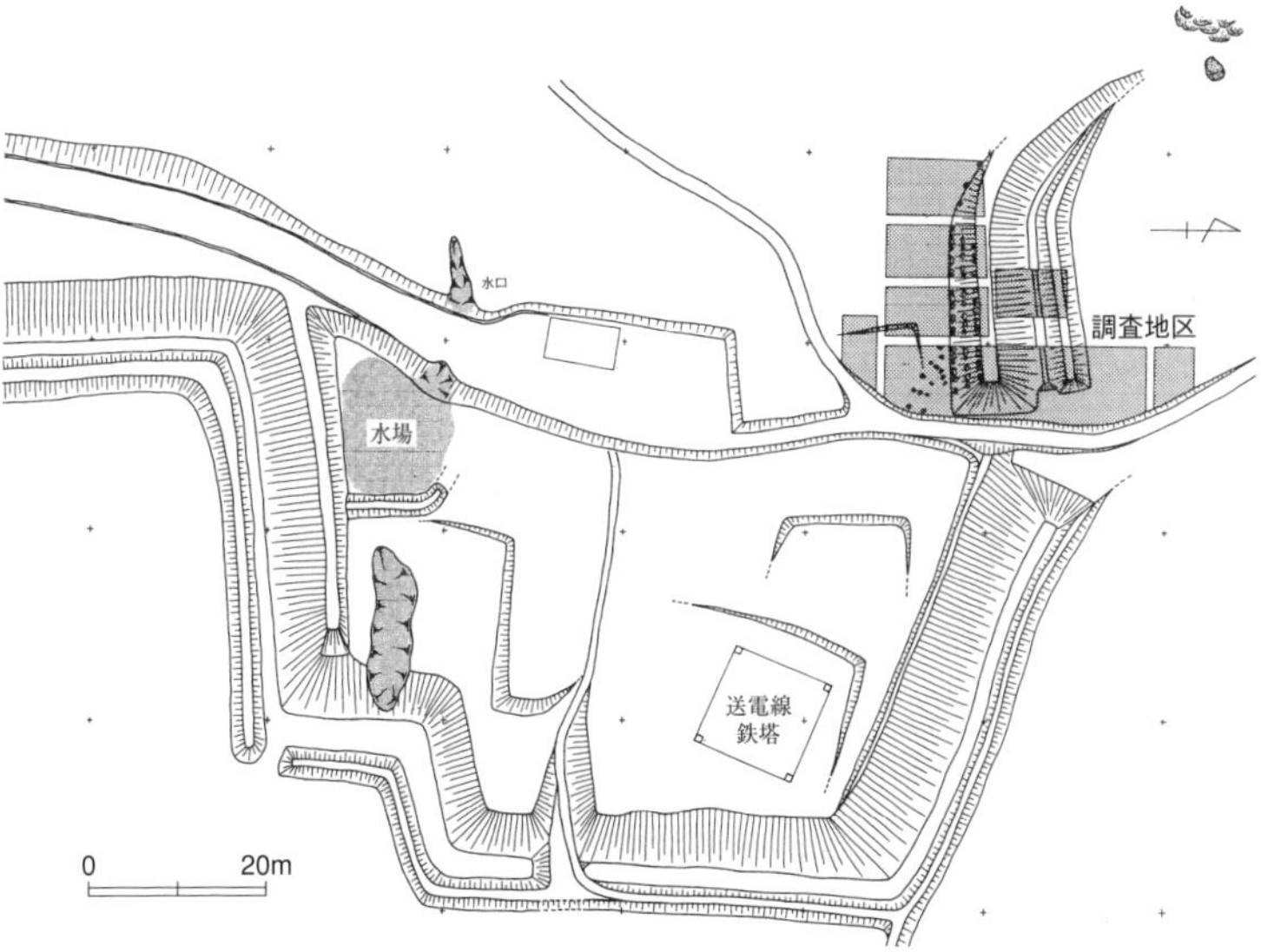

図68　多気城跡燈籠先付近遺構略図

年に後北条氏が秀吉により倒されるまで、宇都宮城には城代が置かれていたようである。

図63は遺構の重なり具合を示したもので、Ⅰが近世の堀、AからGは中世の堀である。何回にもわたり城の改修が行われたことがうかがわれる。

また、遺物は、高麗青磁や染付け皿、漆塗りの椀・皿、かわらけなどの食器類のほか、下駄などの履物類も出土し、当時の生活の様子を垣間見ることができる。

多気城跡

多気城は、市の北西部に位置し、約一五〇㌶におよぶ山全体を利用して築かれた城である。その築城に関しては、一〇六三（康平六）年に宇都宮宗円が築城したとする説や、一五七六（天正四）年に宇都宮国綱が築城したとする説などがある。一五八五（天正十三）年に国綱は後北条氏の侵攻に対し、本城を宇都宮城から多気城に移したといわれている。

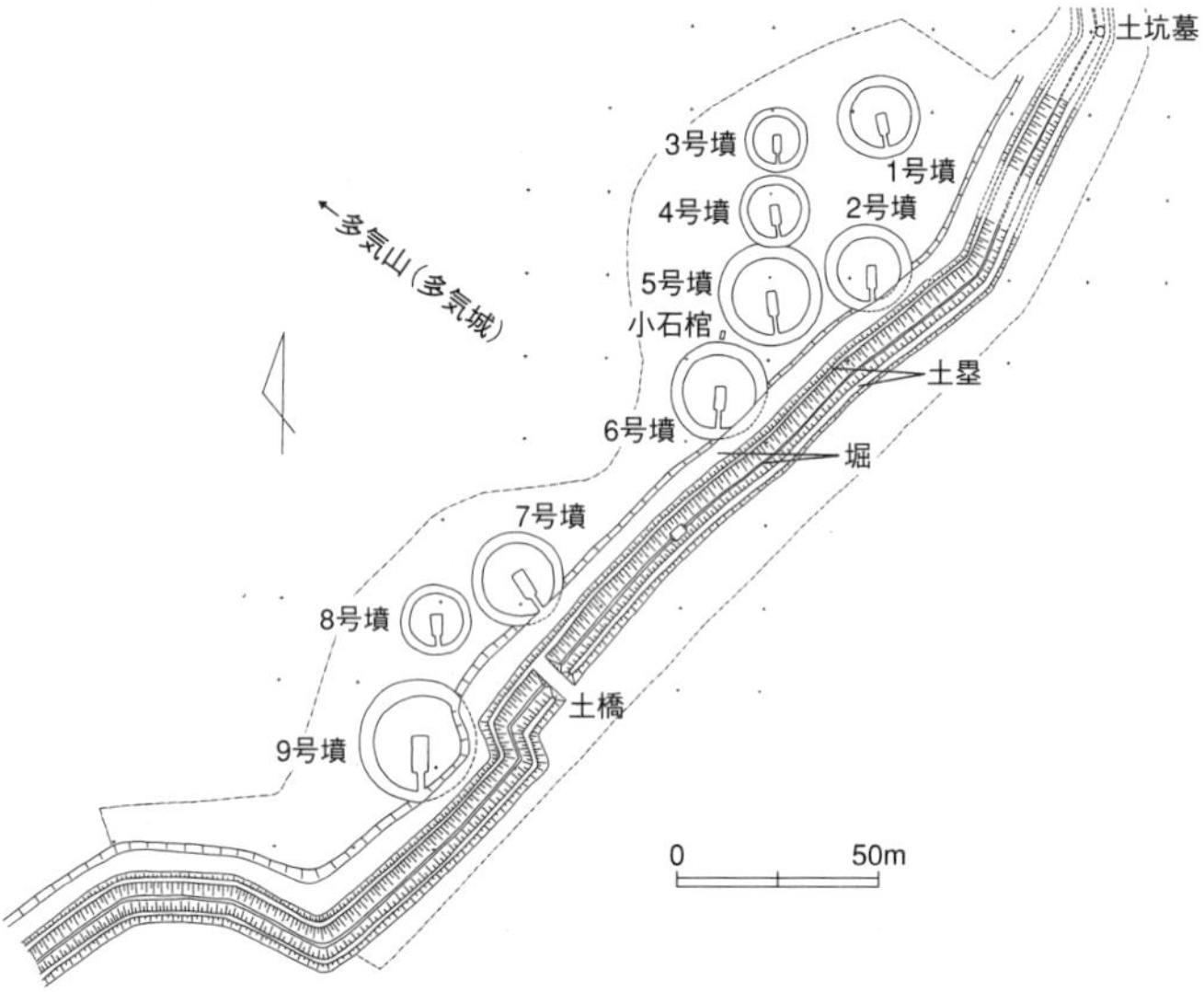

図69　割田遺跡遺構配置図

一九九二（平成四）年度に調査された割田《わった》遺跡では、多気城の外郭線と考えられる堀跡が見つかっている。その堀には「折」があり、そこから二〇〓《メートル》離れた場所に土橋がある（図69）。また、林道建設にともなって行った城跡東側の「燈籠先」とよばれている部分を調査した際には、土塁上に三段の石積みが確認された。

2　塩谷氏の城

現在の矢板市を中心とする地域は、当初、源氏系塩谷氏である堀江氏が御前原城を中心に治めていたが、五代朝義のときに、宇都宮業綱《なりつな》の次男朝《とも》業《なり》を養子に迎えたことにより、宇都宮氏の勢力下に組み込まれる。この時、朝業が新たな拠点として築いたのが川崎城（塩谷城）といわれている。なお、朝業は、宇都宮頼綱の弟で歌人としても有名であり、『信生法師集』などの紀行文がある。

図70は、塩谷氏関連の城と那須氏関連の城の分布図である。江川を境に塩谷氏と那須氏が対峙している様子がうかがえる。なお、塩谷氏にはこの他に、泉城を拠点とした泉塩谷氏、倉ヶ崎城を拠点とした喜連川塩谷氏がいる。

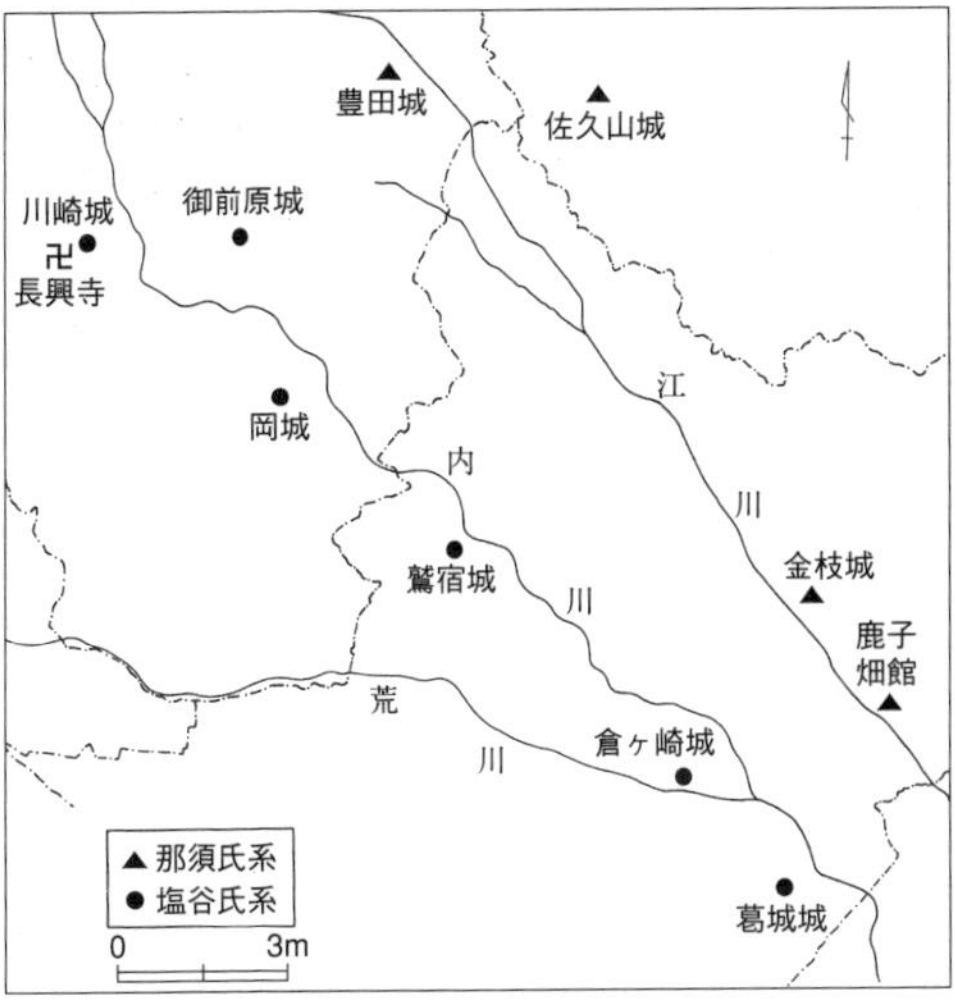

図70　塩谷氏と那須氏関連の城分布図

川崎城跡

川崎城跡は、東の宮川と西の弁天川に挟まれた南北に伸びる丘陵上に立地し、主郭と東側の沖積地との比高は約四一メートルである。

発掘調査では、十三世紀代の常滑の大甕や十六世紀代のかわらけ・内耳土器が出土している。また、鉄鍋の破片や鉄砲の玉も見つかっている。

御前原城跡

御前原城は一一七七〜八五（治承・寿永年間）に源氏系塩谷氏の堀江左エ門尉頼純により築かれたと伝えられている。方形の主郭部分は東西一八〇メートル×南北一七三メートルを測り、堀の幅は一八〜二三メートルで、南・西の二カ所に虎口があったとみられる。

発掘調査では、主郭のほぼ中央に池、築山、浮島からなる庭園跡が確認されている。また、瓦塔が出土している。

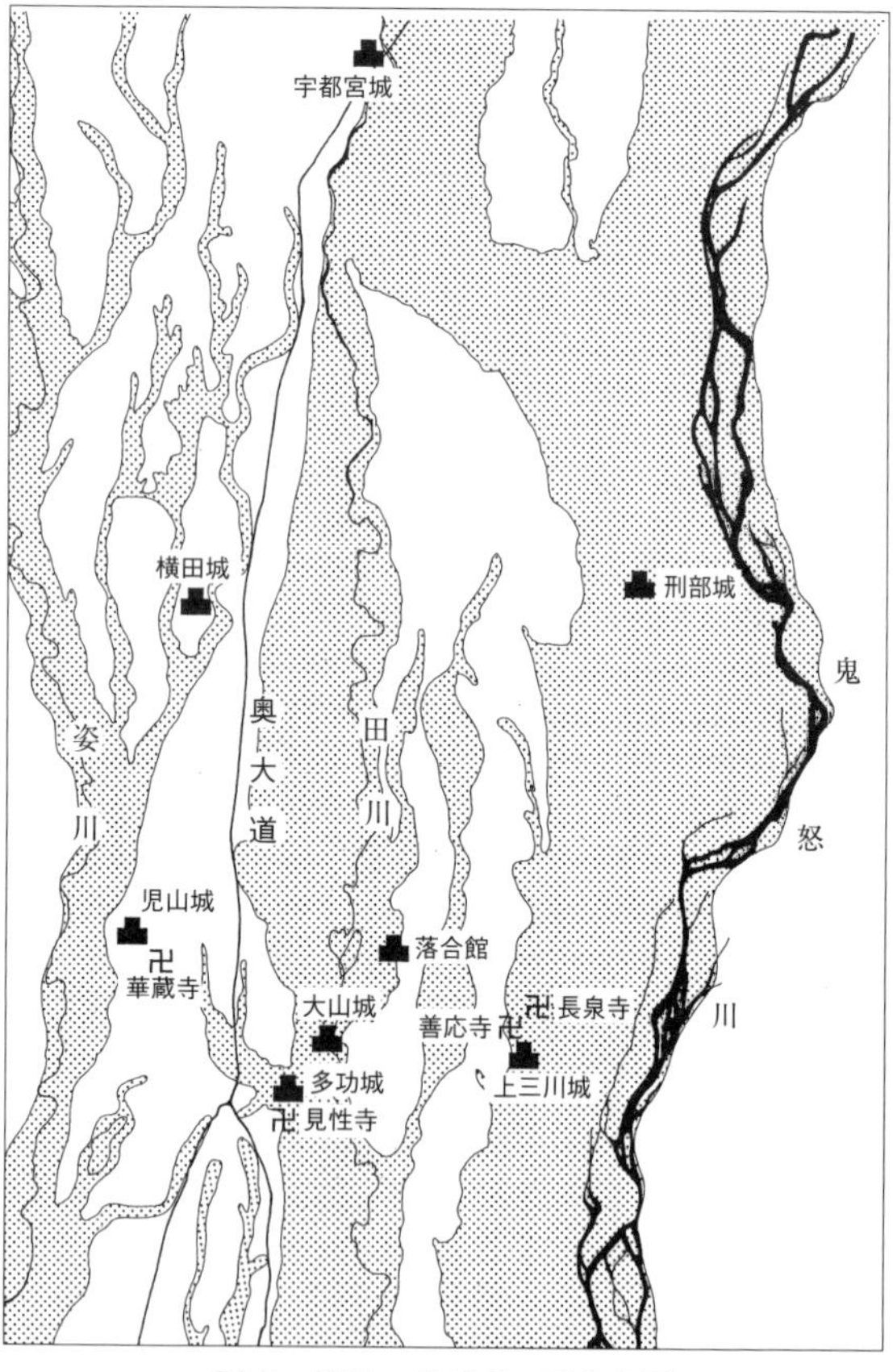

図71　横田・多功氏の城分布図

3　横田・多功氏の城

宇都宮頼綱の子頼業《よりなり》は初め、宇都宮南部の地に横田城（長寸館《ちょうす》）を築いたが、一二四九（建長一）年、さらに南に上三川城を築き、そこを居城とした。その前年には、弟の宗朝《むねとも》が多功城を築いている。この場所は、図71に示したとおり奥大道に近接し、また、結城からくる道との結節点にも近く、交通の要衝に位置する。このためか、この多功付近では戦国期にいくたびかの合戦が行われている。

さらに、宗朝の子、朝定《ともさだ》は児山《こやま》城を築き、上三川城—多功城—児山城の防御ラインにより、小山氏など南からの侵攻に対処した。

図72　上三川城跡全景

上三川城跡

上三川城跡は、鬼怒川右岸の段丘上に築かれた平城で、一二四九（建長一）年に横田頼業により築かれたと伝えられている。この城には横田氏から分かれた上三川氏や今泉氏が居住し、永享年代（一四二九～四一）に横田綱俊の跡を継いで、今泉盛朝が城主となり、一五九七（慶長二）年の上三川城落城までの一三〇年間は今泉氏が城主を務める。一五九七（慶長二）年に、宇都宮国綱の継嗣問題により対立した芳賀高武が今泉高光のいるこの城を攻め、高光は菩提寺である長泉寺に逃れそこで自害した。この年の十月に国綱は改易となっている。

現在この城跡は、主郭部分を除いてほとんど宅地化されている。この主郭部分の調査の結果、図73に示すように、当初方形であったものを一部埋め戻し、西側と南側に拡張して現在のような形になったことがわかっている。拡張の時期は不明で

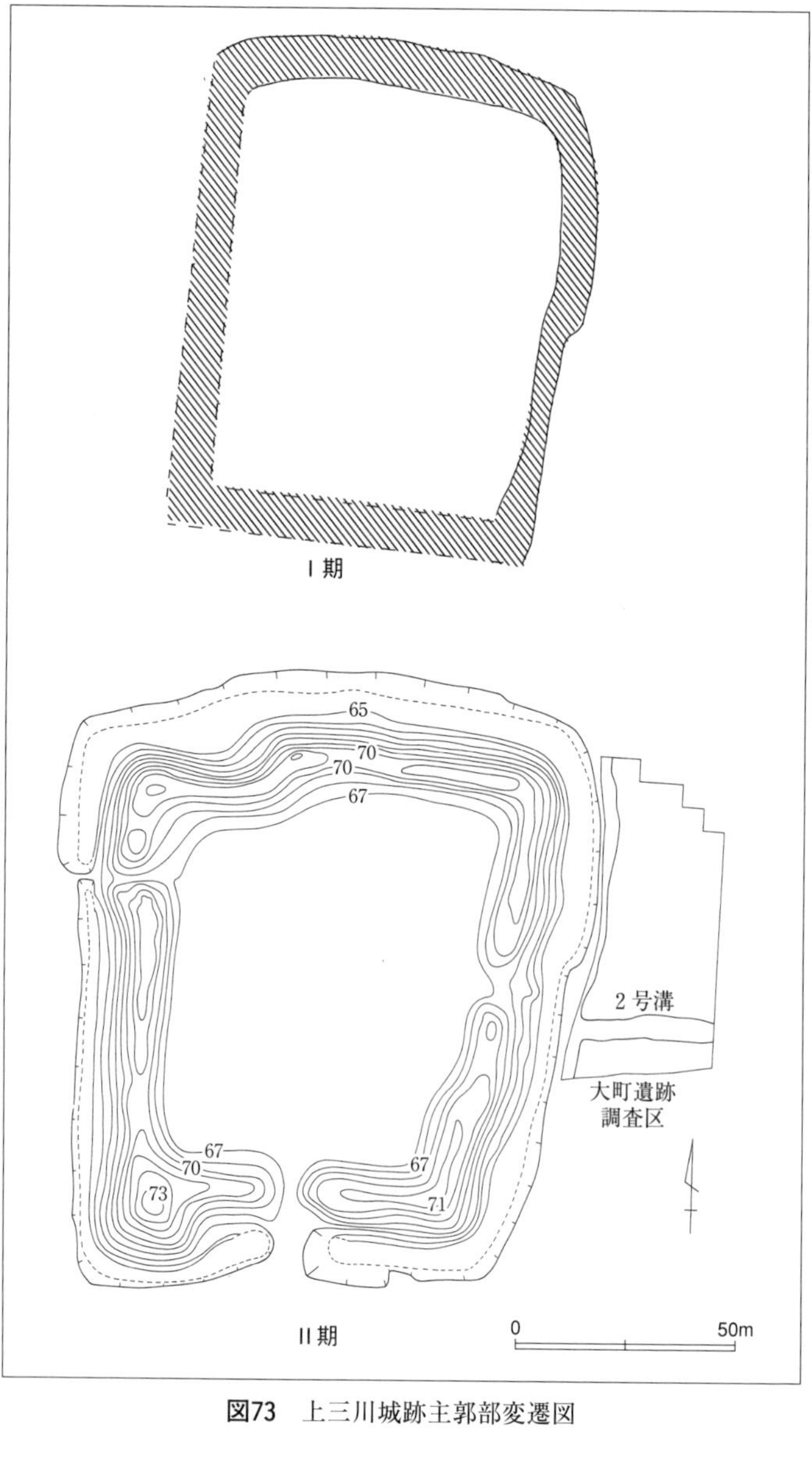

図73　上三川城跡主郭部変遷図

あるが、飛山城跡で見たように、堀を大規模に掘り直す状況が確認されたことは注目される。

　なお、現状での主郭内部の規模は、東西六三メートル×南北七八メートルである。また、主郭外側北東部に位置する大町遺跡の調査では、土坑、溝跡等が確認され、とくに2号溝からかわらけがまとまって出土している。これらのかわらけは、先に検討したかわらけ7～8期のもので、この他に内耳土器や染付皿や漆塗り椀や下駄などが出土している。

　主郭の北側には横田氏の菩提寺である善応寺、さらにその北側には今泉氏の菩提寺である長泉寺があり、当時は城域内に取り込まれていたものと思われる。

多功城跡

　多功城跡は、田川の右岸に築かれた平城で、一二四八（宝治二）年、頼綱の子宗朝により築かれ、宇都宮氏の改易された一五九七年までつづいたと伝えられている。戦国時代にはこの周辺で、上杉謙信や北条氏政との合戦があり、多功氏は宇都宮方の有力武将として活躍した。

　発掘調査は実施されていないが、江戸時代に描かれた絵図により幾重にも堀がめぐらされている様子がうかがわれる。また、城南東部外郭内に多功氏の菩提寺である見性寺が描かれており、上三川城同様に、城内に菩提寺を取り込んだ城造りをしている。

児山城跡

　児山城は姿川の左岸に築かれた平城で、建武年間（一三三四～三八）に多功宗朝の子朝定により築かれ、一五五八（永禄一）年に城主児山兼朝が佐野豊綱勢と戦い、討ち死にしたことにより廃城になったと伝えられている。

　一五三八（天文七）年に、芳賀高経は宇都宮俊綱と対立し、児山城に立て籠もり戦ったが敗れた

図74　児山城跡堀写真

と「小山高朝書状」に書かれている。なお、その後高経は、捕らえられ殺害されたとあるが、その捕らえられた場所が常陸の小田とする説と飛山城とする説がある。

現在、この城の主郭部分は良好に残っており、県指定史跡となっている。その規模は東西七七《メートル》×南北八七《メートル》で、堀の上幅は約二〇《メートル》を測る。周辺には西城・中城・北城・西木戸・馬場などの地名が残る。また、隣接して児山氏の菩提寺の華蔵寺があり、上三川城・多功城と同様に城内に菩提寺を取り込むつくりとなっている。

4　武茂《むも》氏の城

武茂氏は、宇都宮景綱の子泰宗を祖とし、武茂城を拠点に旧馬頭町周辺を支配した。武茂氏の分家には伊予宇都宮氏や西方氏などがいる。

図75　武茂城全景

六代持綱が本家の宇都宮氏を継いだ後、一時断絶期があるが、一五〇六（永正三）年、宇都宮正綱の三男兼綱をもって武茂氏が再興される。現在のような武茂城の形になったのは、この兼綱の時代と考えられている。

この地域には、図76に示すように武茂氏のほか、南には松野氏（横田氏の一族）、北には宇都宮方に属する大金氏が位置し、那須氏と対峙していた。

武茂城跡　武茂城は、武茂川右岸の丘陵上に立地する。武茂氏の菩提寺である乾徳寺を中心に、東西の山に複数の郭で構成された山城である。標高は一六〇～一八〇メートルで、比高三〇～五〇メートルを測る（図75）。この城は、正応・永仁年間（一二八八～九九）に宇都宮景綱の三男泰宗が築城したと伝えられている。

永禄年間（一五五八～七〇）に常陸佐竹氏の下

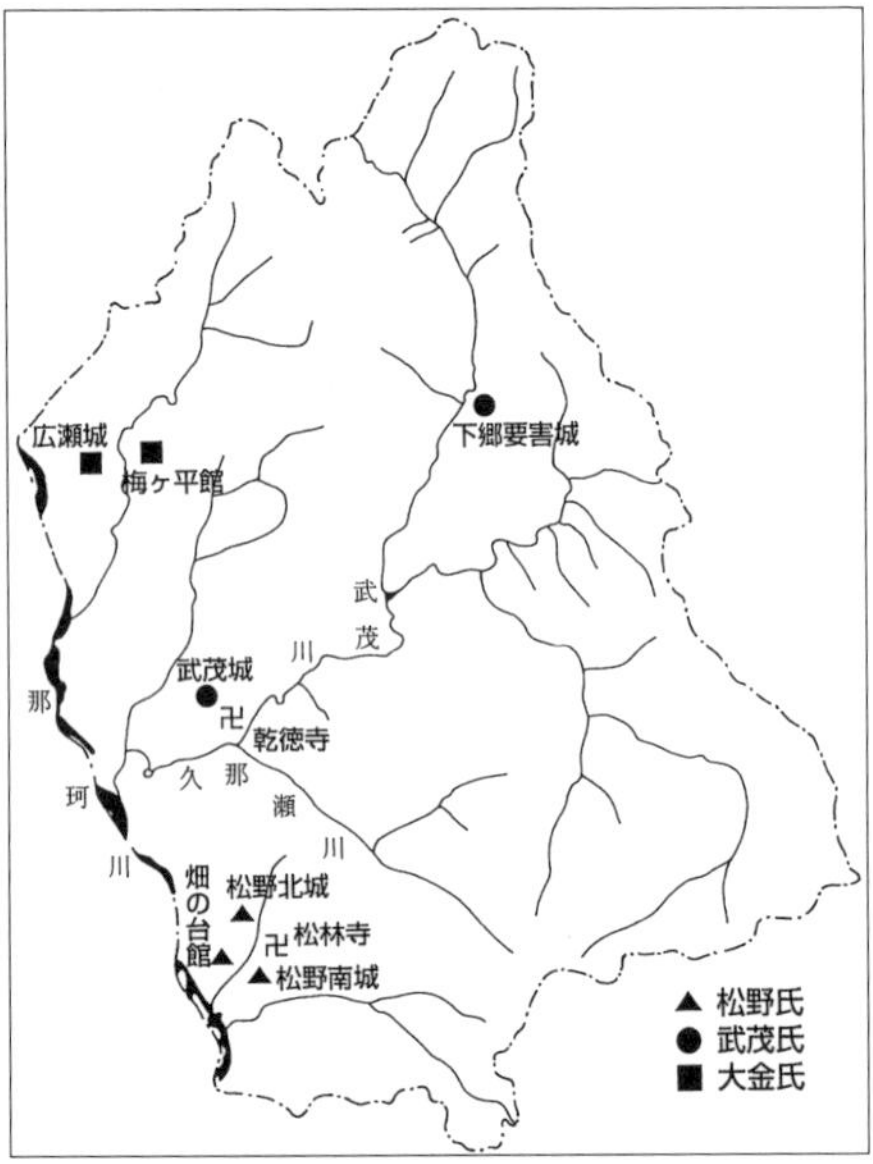

図76　旧馬頭町における宇都宮方の城

野進出にともない、武茂氏はその傘下に入り、武茂豊綱の代に那須資晴《すけはる》と内通したとの噂から領地を没収され、その後佐竹の家臣が入り、一六〇二（慶長七）年の佐竹氏移封により廃城となる。

西方城跡

　西方城跡は、標高二二〇メートルの山を利用して築かれた山城である。築城者については、宇都宮氏の一族である武茂景泰が築いたとする説とその子綱景が築いたとする説があるが、いずれにしても宇都宮一族である武茂氏の流れを組む人物により築城された。そしてここは南方の皆川氏と領地を接し、宇都宮氏の西の要に位置する。

　一五一五（永正十二）年、宇都宮忠綱と皆川宗成との合戦においては、一時皆川氏の手に落ちるが、一五八五（天正十三）年、宇都宮国綱がそれを取り戻したとある。

　標高二二〇メートルの頂上を主郭とし、縦堀や堀切などにより八つの曲輪と腰曲輪から構成されている。枡形虎口や馬出が見られることから、戦国末期の形態と思われる。

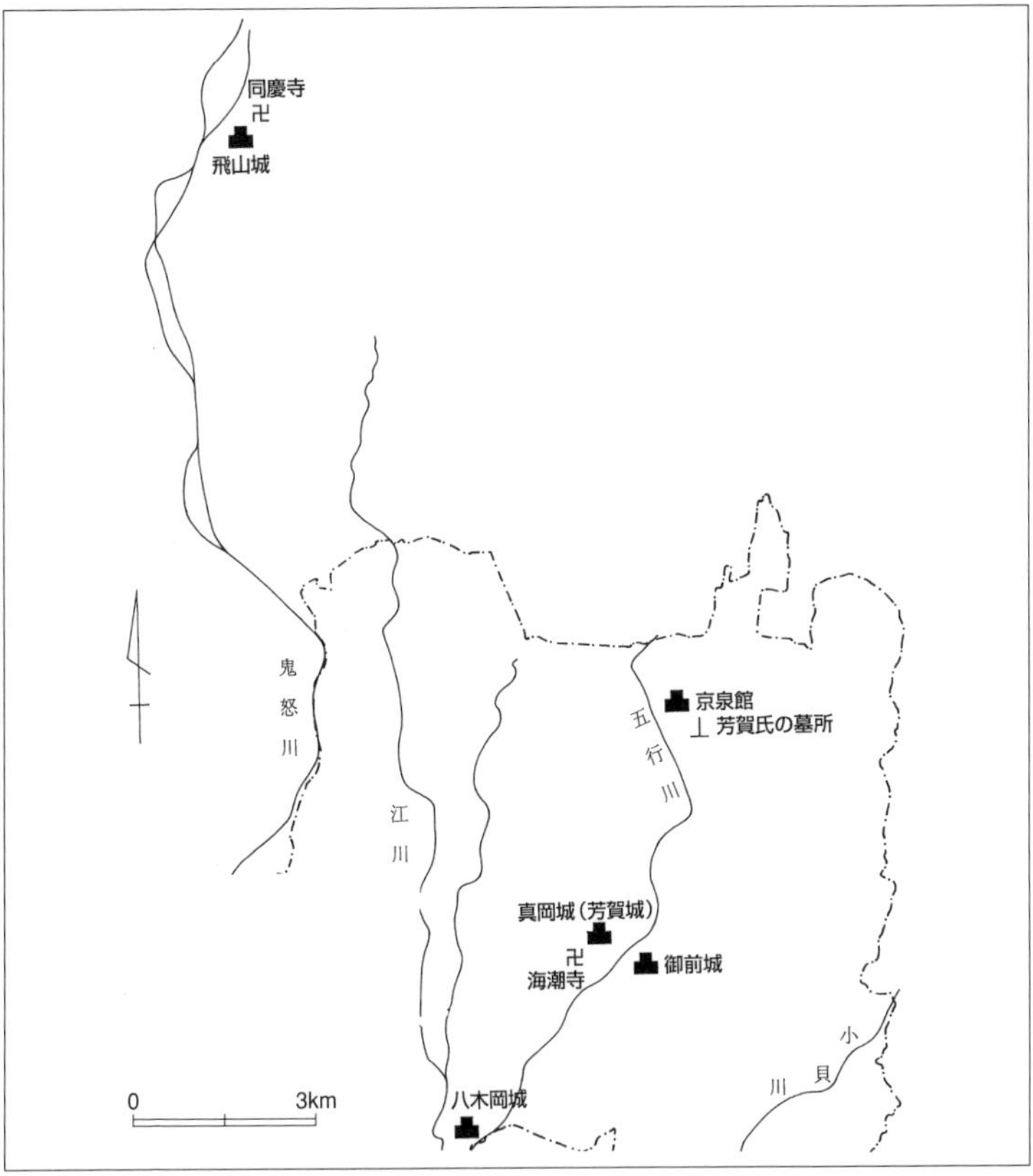

図77　芳賀氏関連の城分布図

5　芳賀氏の城

芳賀氏は、益子氏とともに「紀清両党」とよばれ、宇都宮氏の重臣として活躍した武士団である。また、芳賀高久、興綱、高武は宇都宮氏からの養子で、宇都宮正綱は芳賀成高の子ともいわれている。このことから芳賀氏は、宇都宮氏と非常に深い関係にあり、宿老中（有力な親類・家風層）のなかでも有力な地位を占めていた。

御前城跡　この城は五行川と穴川に挟まれ

表13　芳賀氏系の城変遷表

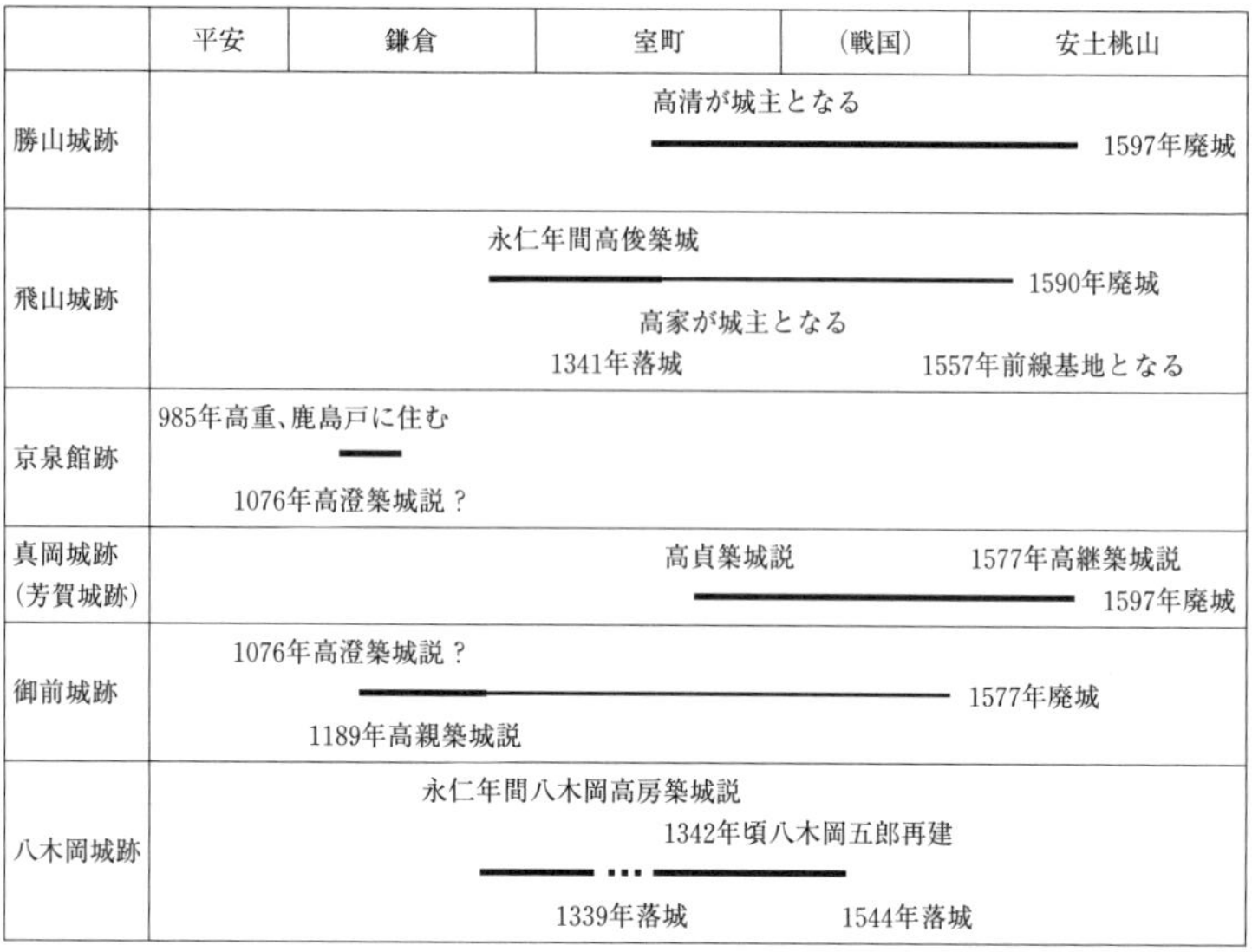
平安
鎌倉
室町
（戦国）
安土桃山
勝山城跡
高清が城主となる
1597年廃城
飛山城跡
永仁年間高俊築城
1590年廃城
高家が城主となる
1341年落城
1557年前線基地となる
京泉館跡
985年高重、鹿島戸に住む
1076年高澄築城説？
真岡城跡（芳賀城跡）
高貞築城説
1577年高継築城説
1597年廃城
御前城跡
1076年高澄築城説？
1577年廃城
1189年高親築城説
八木岡城跡
永仁年間八木岡高房築城説
1342年頃八木岡五郎再建
1339年落城
1544年落城

た低台地上に位置する。「下野国誌」によると芳賀高親が築いたとある。そして廃城は、一五七七（天正五）年に芳賀高継が真岡城を築いたことによるとされている。規模は東西約二九〇《メートル》×南北約二〇〇《メートル》であったとのことである。

二〇〇四（平成十六）年に堀の一部が調査され、上幅七・二《メートル》、下幅三・八《メートル》、深さ〇・六〜一・三《メートル》の水堀が確認されている。

真岡城跡（芳賀城跡）　この城は、行屋川西岸の台地上に立地する。築城は、貞治年間（一三六二〜六八）ごろの芳賀高貞説と、一五七七（天正五）年の芳賀高継説とがある。前者は、『続群書類従』の「芳賀系図」に「伊賀守高貞代に真岡城を取立、五所より引越」とある。後者は「日下田家文書」の普請惣奉行任命文書で、一五七七（天正五）年に高継が坂本尾張守ら普請奉行に任命し築城を行ったとある。前者が築城、後者は改

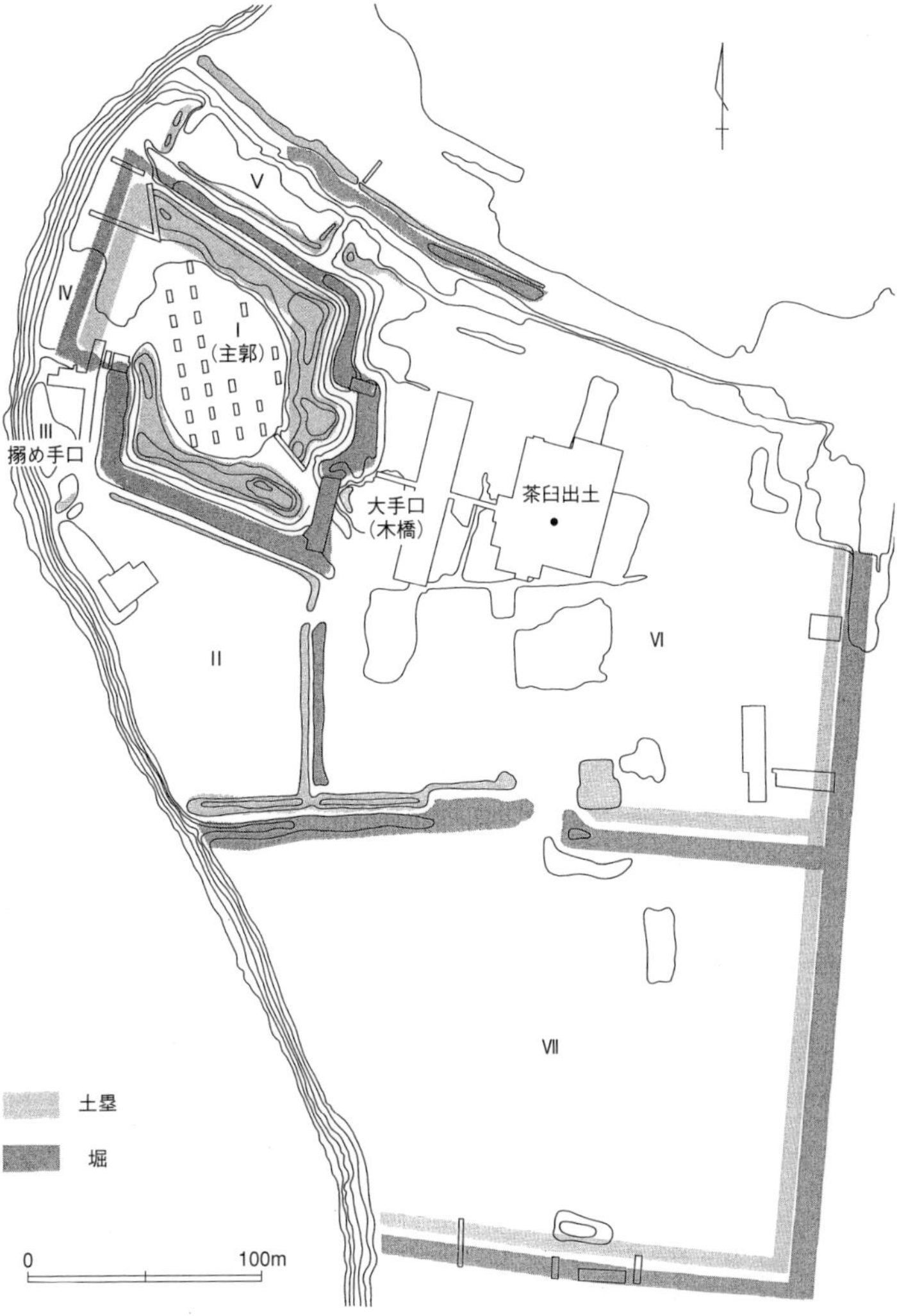

図78　勝山城跡平面図

築とする考えが有力とされている。貞治年間は、飛山城主の高家が武蔵岩殿山で戦死した時期でもあり、飛山城にとってもターニングポイントとなる時期といえる。

廃城は、一五九七（慶長二）年の宇都宮家の改易のときで、その後は江戸幕府の代官所となる。

城の規模は、東西二二八メートル×南北三六〇メートルで、本丸・二の丸・三の丸からなる。

勝山城跡　この城は鬼怒川左岸の崖端に築かれた城である。建久年間（一一九〇～九九）に氏家公頼《うじいえきみより》により築かれたと伝えられている。その後、南北朝期に飛山城主芳賀高家の子高清が勝山城主となり、芳賀氏の勢力下に入る。そして、一五九七（慶長二）年の宇都宮氏の改易とともに廃城になった。

主郭部分を含め周辺の調査が行われ、おおむね図78のような堀の位置関係が確認されている。城の規模は、東西約三〇〇～一五〇メートル、南北約五〇〇メートルである。主郭部分へは、東側からが大手口となり、西側に搦め手口が設けられている。この他にも掘立柱建物跡や溝跡が確認され、二〇〇〇（平成十二）年度の調査では、溝跡内から多量の釘が出土している。

6　益子氏の城

益子氏は、芳賀氏とともに宇都宮氏を支えた武士団で、宇都宮氏二代宗綱の母は紀（益子）正隆の娘とされている。また、三代朝綱は上大羽の地に隠居し、後にこの地に宇都宮家の墓所もつくられていることから、益子氏と宇都宮氏は非常に深い関係にあったといえる。

益子氏の城は、益子城（根古屋城）、益子古城（御城山城）、西明寺城が挙げられるが、いずれも

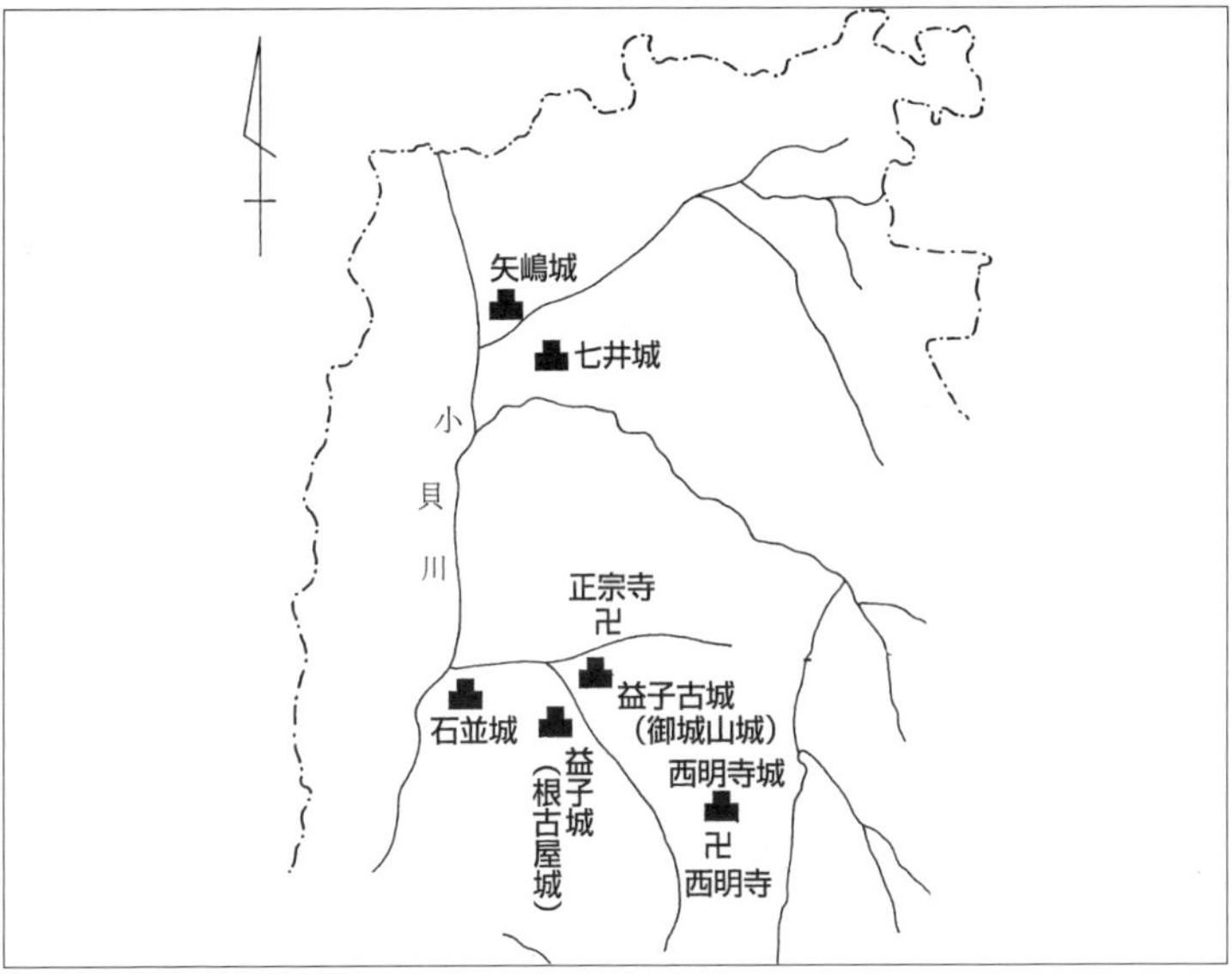

図79　益子氏関連の城分布図

図80　益子古城（御城山城）跡遠景

築城年代については不明な部分が多い（図79）。

一五八五（天正十七）年、益子家宗は主家に背き、宇都宮国綱と戦い、その結果益子氏は滅亡する。

7　壬生氏の城

壬生氏の出自については諸説あるが、宇都宮氏の家臣である点では一致する。当初、壬生氏の居城は壬生城であったが、綱重のときに鹿沼城に本拠を移し、子の綱房のときには日光山もその支配下におさめた。その子綱雄は、宇都宮氏の宿老の一人に名を連ねていたが、一五四九（天文十八）年に、宇都宮家内部の混乱に乗じ、一時的に宇都宮城を占拠する。

その後、後北条氏寄りの綱雄に対し、宇都宮・佐竹氏との関係を重視する壬生徳雪斎《とくせっさい》（周長《ちかたけ》）は、綱雄を殺害し、壬生氏の実権を握るが、壬生城にあった綱雄の子義雄が徳雪斎を打倒し、鹿沼城に入ることにより、壬生氏を再統一し、一五八六（天正十四）年の段階では、後北条氏方となる。

壬生城跡

この城は、思川の東岸の台地上に築かれた城で、綱重の代に常楽寺の北方から現在の場所に移ったとされる。その後、壬生氏が拠点を鹿沼城に移すと、壬生城は支城の一つとなる。

一五九〇（天正十八）年に後北条方に付いた壬生氏が断絶すると、結城秀康の領内に組み入れられ、江戸時代には近世城郭として整備され、日根野氏、阿部氏、鳥居氏などが城主を務めた。

発掘調査により十五世紀後半～十六世紀の後半にかけての遺物が出土し、君島利行は二時期の城の変遷を想定している（図82）。そのうちのⅠ期

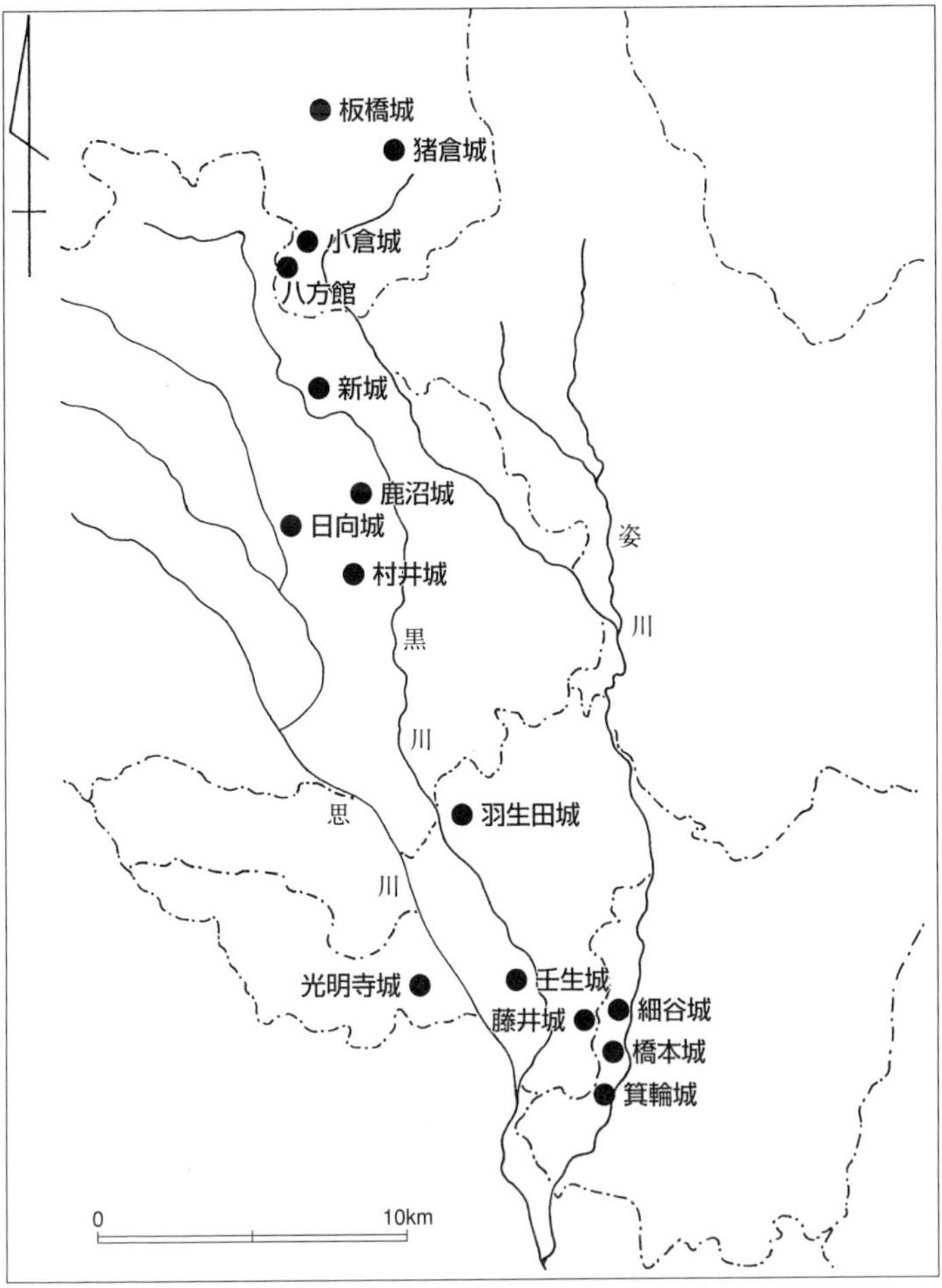

図81　壬生氏関連の城分布図

とした堀（ＳＤ０４）は確認面での堀幅が九～一二メートル、深さが四・五メートル以上と大規模なものである。

また、Ⅱ期とした堀（ＳＤ１０）は「折」をもつ。そこから出土したかわらけが8期に相当するもので、十六世紀中葉に大改修が行われたと考えられる。

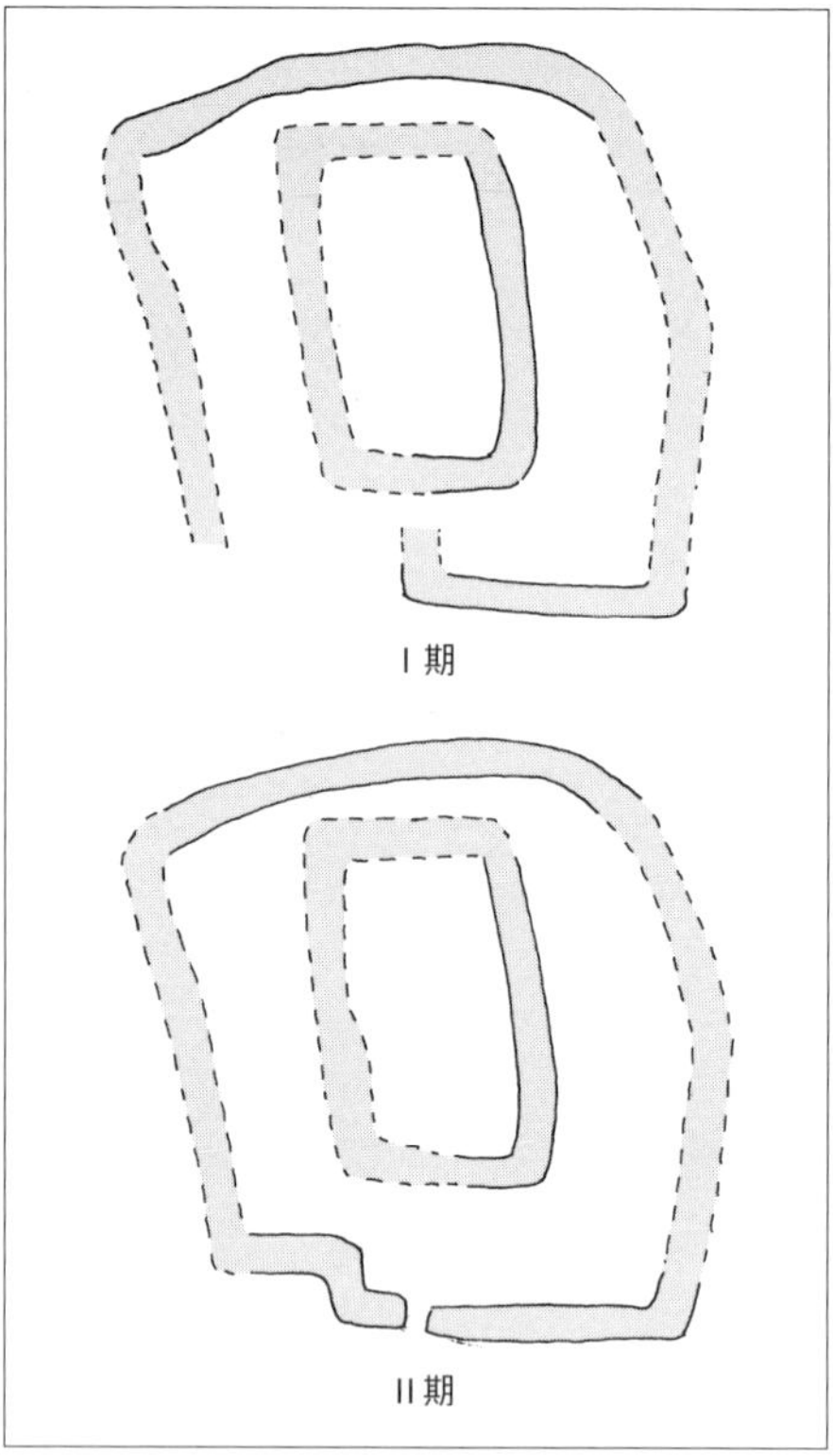

図82　壬生城跡変遷模式図
（『下野壬生城』を参照し作図）

図83　壬生城跡の埋め戻された堀

鹿沼城跡

この城は、黒川の西岸の台地上に築かれた城で、城の東側には、近世の例幣使《れいへいし》街道がとおっている。

築城は、一二九二（正応五）年、鹿沼教阿《きょうあ》によると伝えられている。なお、教阿の妻は芳賀氏の縁者とされる。大永年間（一五二一〜二七）に鹿沼教清《のりきよ》は、宇都宮忠綱軍と合戦し討ち死にし、一時宇都宮氏の所領となるが、壬生綱重が坂田山の館を改築し居城とする。

城の範囲は、「御殿山」を中心に西の「坂田山」「拳骨山」、北の「岩上山」、南の「御殿場」、東の今宮神社付近までで、丘陵の先端全域を使用している。

戦国末期に宇都宮氏が多気城に拠点を移すと、後北条方の最前線基地として機能した。

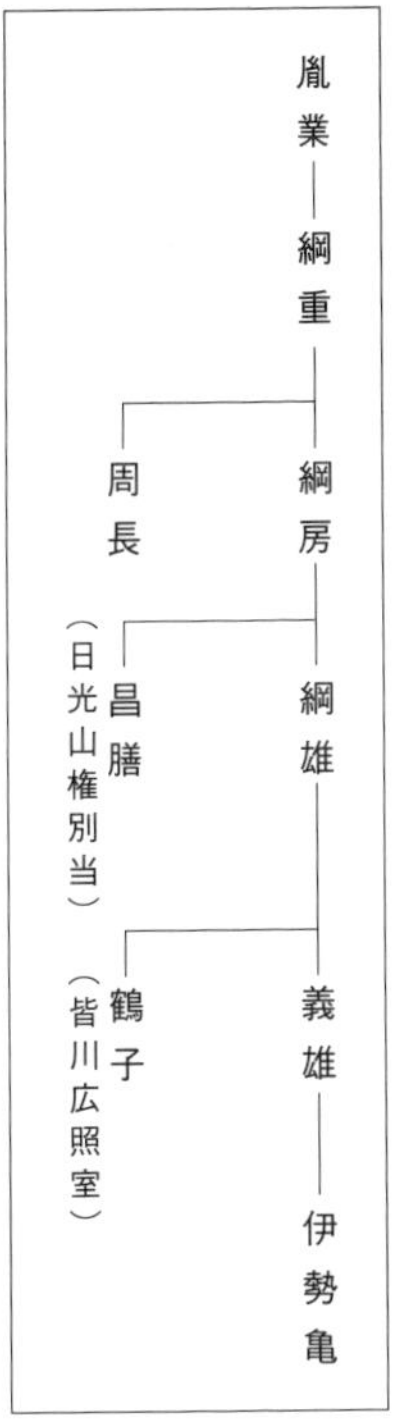

図84　壬生氏略系図（『壬生町史』参照）

8　皆川《みながわ》氏の城

皆川氏は、小山政光の子宗政の孫にあたる宗員が皆川を称したことから始まる。

鎌倉時代末期に皆川氏は一時断絶し、戦国時代に氏秀《うじひで》が皆川に本拠を定め、その子宗成《むねしげ》が皆川氏を称する。一五二三（大永三）年には、河原田で宇都宮忠綱勢を迎え撃ち勝利するが、宗成、弟の成明《しげあき》が討ち死にしている。このときの戦場跡が「合戦場」の地名として残っている。

宗成の跡を継いだ成勝《しげかつ》のときには、主家である宇都宮氏に反した芳賀高経に味方し、宇都宮氏と対立するが、その後の後北条氏の下野国進出に対し、上杉方の一員の宇都宮寄衆として『関東幕注文』に皆川山城守

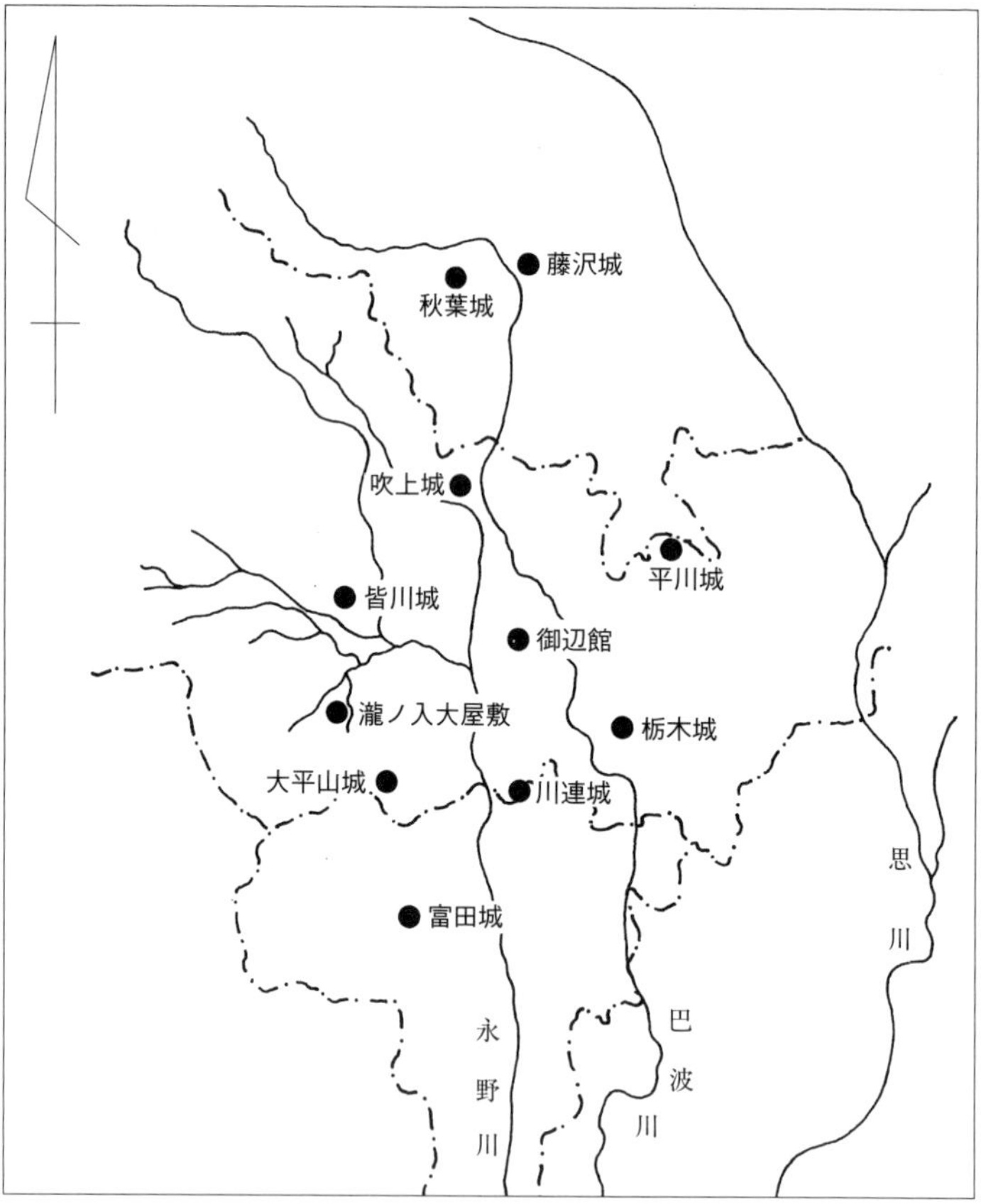

図85　皆川氏関連の城分布図

の名が出てくることから、永禄年間（一五五八〜六九）は両氏が良好な関係にあったことがわかる。

また、広照の時代も当初、佐竹・宇都宮氏とともに反後北条勢力として活動するが、一五八五（天正十三）年十二月に、後北条方として宇都宮を攻めている。

一五九〇（天正十八）年の豊臣秀吉の小田原攻めのときには後北条方として参陣するが、早々と豊臣方に投降し、領地を安堵されている。

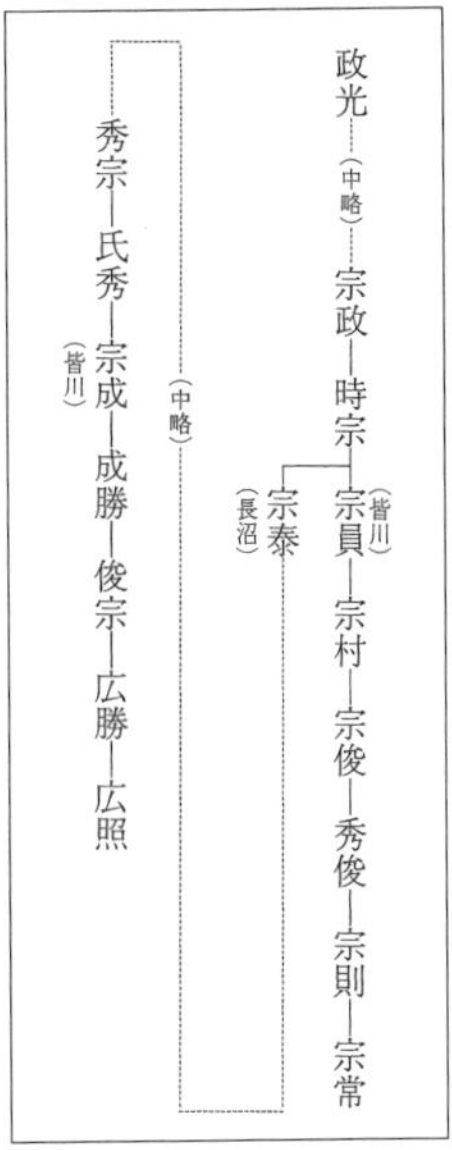

図86　皆川氏略系図

皆川城跡

皆川城は、永野川西岸の丘陵上に築かれた山城で、別名法螺《ほら》貝《がい》城ともよばれる。長沼宗政の子宗員により築かれたと伝えられているが、現在の場所になったのは十五世紀代と考えられ、一五九〇（天正十八）年に上杉・浅野軍に攻められ落城する。

この城は山頂部が主郭で、数段にわたり曲輪を設け、山麓には堀が巡る。また、南麓および東方には、方形に堀と土塁を巡らす館跡と考えられる遺構が配されている。

なお、城の南西にある金剛寺は、皆川氏の菩提

図87　皆川城跡遠景

図88　川連城跡

寺である。

川連城跡　川連城跡は、永野川東岸に築かれた平城で、応永年間（一四六七〜六九）に川連仲利が築城し、一五六三（永禄六）年に皆川俊宗《としむね》が修築したといわれている。

この城は、東西三八〇メートル、南北五〇〇メートルで、主郭を中心に回の字状に曲輪を配している。主郭の規模は東西六八メートル、南北五〇メートルである。大手虎口には角馬出を設け、横矢掛も整備されている。

Ⅵ　整備された飛山城跡

1　史跡公園化に向けて

一九七七（昭和五十二）年三月に国指定史跡となった飛山城跡は、その後の史跡買上げ事業により、約一四㌶《ヘクタール》のうちの九割が公有化され、当初の目的である城跡の恒久的な保存が図れる状態となった。

そこで、この貴重な文化財を保存し後世に伝えるとともに、良好に保存された遺構および豊かな自然環境を活かした積極的活用を行い、一般市民にわかりやすくまた親しまれる歴史体験の場を創出することを目的とし、史跡整備が進められることになった。

公有化が約六割を超えた段階の一九八六（昭和六十一）年度に『史跡飛山城跡保存整備基本構想案』が策定され、一九九二（平成四）年度から一九九九（平成十一）年度にかけて、史跡整備に先立つ確認調査を実施し、城の構造および変遷を解明するための資料収集を行った。この内容については先述したとおりである。

一九九七（平成九）年度より、史跡公園「飛山城跡」庁内検討会が発足し、専門家による飛山城跡保存整備委員会とともに保存整備の基本計画策定に向けての検討を開始した。一九九八（平成十）年に地元より「史跡公園整備の早期実現」に向けての陳情書が提出され、一九九九（平成十一）年三月に、この要望および今までの検討経過を踏まえた整備方針が決定され、『飛山城保存整備基本計画』が策定された。

一方で、一九九九（平成十一）年九月、文化庁の復元検討委員会に整備に関する資料を提出し、その了承のもとに二〇〇〇（平成十二）年度より国・県の補助を得て、整備事業を開始した。

整備の基本方針は次のとおりである。

①宇都宮の貴重な文化財である飛山城跡を保存し後世に伝える。

②戦国の堀・土塁等を復元し、わかりやすく、魅力あるものとする。

③自然豊かな城跡の環境を生かしたものとする。

④中世宇都宮を代表する城跡を積極的に活用し、歴史学習の場とする。

⑤鬼怒川の東岸という地域特性を生かし、市民にとって身近な親しみのある憩いの場とする。

⑥宇都宮の歴史理解のために、他の史跡とのネットワーク化を図る。

2　整備された飛山城史跡公園

この基本方針にもとづき、次にあげる五つの整備を行った。なお、整備工事を進めるにあたっては、遺構の保護が大前提となるので、次のような保護策をとった。

堀・土塁整備では、最低でも遺構面までの深さが三〇チ《セン》の保護層を設ける。とくに堀の斜面部分はもともとの表土層が薄いので掘削に当たっては慎重を期した。

環境整備では、配管類の敷設が困難なため一部の電気設備を除き設備配管を行わないこととし、園路等の雨水は地盤への自然浸透により処理する。

また、曲輪Ⅴ北側部分も梅林を植栽することから、盛土による保護層を設けた。なお、この場所は確認調査の結果、指定以前の栗林造成などにより攪乱が激しく、遺構がほとんど確認できなかった地区である。

復元的建物整備では、遺構を保存するために、造成地盤面（遺構面＋五〇チ《セン》）より、さらに三〇チ《セン》ほど盛土し、建物整備の地盤面とした。具体的には、掘立柱建物五棟を復元的に整備する曲輪Ⅳと中世の竪穴建物および古代の竪穴建物を復元的に整備する曲輪Ⅵ北側の一部である。

また、これらの堀・土塁の修景整備や復元的建物整備に先立ち、雑木林の間伐を行ったが、伐採にあたっては栃木県林務事務所と協議をし、必要最低限の伐採にとどめた。

（一）堀・土塁の整備

2号・4号堀および大手周辺から北側の5号・6号堀は、土塁を崩し堀が埋め戻された状態で確認されたことから、元の形に修景した。ただし、1号・3号堀も同様に埋め戻されているが、崖際であることから工事により崖崩落の促進につながる可能性があるため、あえて修景せず、現状を見てもらうことにより「城破り」の様子を見せることとした。

堀・土塁の整備は、調査により得られた堀内の人為的に埋め戻された土量を計算し、そこから土

図89　4号堀

図90　6号堀と櫓台

塁の高さを推定した。なお、外側からの埋め戻しの土も観察されることから、外側の低い土塁も同様な形で高さを推定した。

堀は各堀によって形状が違うが、2号堀のような薬研堀であっても、堀底に浸透枡を設けたため、遺構の保護上、堀底を上げることになり整備後の断面形状は箱堀のようになってしまった。この点に関しては、案内板を使い誤解のないようにした。また、2号堀は本来崖まで掘り切られているが、園路の導線上および崖崩落への配慮から、崖際部分を現状保存とした。その代わりに、堀の上場ラインに立方体のブロックを埋め込み、平面的に堀を表示した。

なお、4号堀内にある堀障子を土手上に整備したが、堀底が浅くなった結果、本来の堀障子の状況を表現することができなかった。この点に関しても、案内板で補足説明した。

6号堀には五つの突出部（櫓台）があり、そのうちの櫓台4と櫓台5を整備した。櫓台4は、調査前の時点ではかなりなだらかになっており、崩されている様子がうかがわれた。調査結果をもとに復元すると、四五～五〇度近い急勾配となる。櫓台5は、後世の削平により不明であったが、航空写真などからその存在が判明し、調査によりその位置も確定した。このようにほとんど破壊された場所であったことから、文化庁と協議し、土塁登り体験ができる場所として整備した。安全面の確保から、斜面の角度を三〇度とし、ロープを付け、それを使用し登るようにした。本来は角度がもっと急で、ロープもないはずであるが、安全管理上、整備委員会での検討を経て決定した。この点に関しても、案内板で補足説明した。

（二）環境整備

各曲輪の木の間伐等による環境整備と主園路や管理用道路などの園路整備や梅林の整備、多目的広場の整備、崖の修復工事を行い、利用者に快適な空間を提供する。

園路は、主園路1～3、管理用園路、溝表示園路に分けて整備した。

主園路は、歩行者を対象としたもので幅員が二メートルとなっている。管理用園路は、緊急車両が通行できるように幅員が三メートルとなっており、路面の仕様はカラー混合アスファルト舗装である。

また、これに付随し管理用橋を二カ所設置した。設置箇所は、4号堀の東端と5号堀の南西隅付近で、いずれの場所も、破却時もしくは後世に土塁が崩されていた部分である。他の土橋と誤解しないように材料や工法を現代的なものとし、さらにこの橋を渡る手前には、管理用橋であることを示す案内板を設置した。

さらに史跡を管理するために必要最低限の管理用門五カ所を設置した。当時の門と誤解しないよ

図91　梅林での野点

図92　崖修復工事

うにいずれも鋼鉄製の門とした。

梅林の整備は、もともと6号堀北側部分に植えられていたものを、観賞や中世の食事体験用として梅を活用するために、すでに攪乱が激しく、遺構がほとんど確認できなかった曲輪Vの北側部分に移植した。

多目的広場は、曲輪Ⅵの南西側部分の元の所有者が畑として使用していた場所で、木がほとんど生えていなかったこともあり、さらに調査の結果でもほとんど建物遺構がないことが判明した場所でもあることから、城が機能していた時点でも広場的な使用（教練場、畑など作物栽培、牧場などが想定される）がなされていたと考えられ、芝生を植え多目的に使用できる場所として整備した。

崖修復工事は、鬼怒川の侵食により崖の崩落の度合いが激しかったために、その後の崩落を防止するために行った。工事は、北崖の一四〇メートル区間で、鬼怒川の河床からの高さは約二〇メートル、土台となる最下部を井桁擁壁とし、その上を連続繊維補強土（ジオファイバー）により保護する工法を採用した。この結果、崖の崩落は止まり、この工法の利点である連続補強土中の植物が伸張し、現在は施工していない部分とほとんど見分けがつかないくらい自然の景観を復元することができた。

（三）復元的建物整備

主郭南側の曲輪Ⅳの掘立柱建物群と、4号堀南側の曲輪Ⅵの竪穴建物、古代の「烽家」と関連がある竪穴住居跡を復元的に整備した。

なお、中世の城跡に古代の建物を復元するにあたっては、飛山の地が中世城として使用されたことに留まらず、いく世代にもわたって使用された歴史があること、また、飛山の地名の由来が「烽」に関係している可能性が高く、この竪穴住居跡が飛山を語る上でなくてはならない遺構であるという理由から、あえて整備を行った。

これらの建物の復元案については、飛山城跡保存整備委員会のメンバーである濱島正士を中心に原案が作成された。

古代建物　この遺構（ＳＩ１８、図93）は飛山城が構築される前のものであるが、全国的に例を見ない古代の「烽」にかかわる建物跡であることから、復元にあたっては慎重に検討を重ね、順次いく通りかの案を作成して文化庁の復元検討委員会と調整を取りながら進めた。

遺構は先に記載したように東西二間×南北三間の壁立式の建物である。南面に柱筋より内側に入る二本の柱跡があり、ここが入口部分であったと考えられる。よって妻入の建物となる。

復元にあたって濱島は、屋根が茅葺《かやぶき》の切妻造《きりづまづくり》、横板壁《よこいたかべ》で、戸口は板扉で採光・通風のための突上げ戸を想定した。

その後復元検討委員会での協議の結果、屋根・

壁・カマドの構造について再検討の指示が出され、再度、濱島を中心として保存整備委員会で検討した結果、最終的に屋根が茅葺の入母屋造《いりもやづくり》、土《つち》壁《かべ》、カマドの煙道《えんどう》を高くした形で、再提出し了承が得られた。

外観

内観

図93　古代の竪穴建物

掘立柱建物

掘立柱建物は、曲輪Ⅳ内のⅣ期（戦国期）にあたる建物（ＳＢ１２、ＳＢ５２、ＳＢ５５、ＳＢ７０、ＳＢ７５）を復元的に整備することとした（図94）。

ＳＢ１２・ＳＢ５２・ＳＢ５５・ＳＢ７５は、主郭部分の南側にあたる曲輪Ⅳの東半分の、主郭に通じる通路上に位置し、約一〇～二〇坪程度の建物であることから、将兵の詰所的な住宅風建物と考えられる。そのなかでも、ＳＢ５５は内部が二室に分かれ、規模的にも他の建物より大きく、主郭への通路に最も近い位置にあることから、この曲輪の中心となる建物と考えられる。

また、ＳＢ７０は、西端に位置し、総柱式であ

SB55　SB12

SB55内部　SB70

図94　掘立柱建物

ることから倉庫的な建物と考えられる。その結果、柱は方柱、壁は土壁、開口部は袖壁付片引き板戸・内明障子で一部の壁に明り取りの無双式高窓を設け、小屋組は一般的な和小屋、屋根は切妻造の石置《いしお》き板葺《いたぶき》と想定した。なお、妻側の中柱が検出されていない所もあるが、そこには土台建ての柱を想定した。

なお、石置き板葺屋根は、鎌倉期に描かれた『一遍聖絵《いっぺんひじりえ》』・室町期に描かれた『慕帰絵詞《ぼきえことば》』および旧茂木家住宅（群馬県富岡市、十七世紀）など関東周辺の近世民家を参考とした。

竪穴建物

竪穴建物は、曲輪Ⅵ内のⅣ期にあたる建物（ＳＴ２１、ＳＴ２２）を復元的に整備することとした。竪穴が深く炉が確認されないなど、Ⅳ章で検討したような理由から物資の保管を目的とした倉庫的な建物と想定した。

竪穴の長軸線上に棟持ち柱が並ぶことから切妻

ST21　ST22

図95　竪穴建物

図97　門（裏面）

図96　木橋

造の屋根が考えられる。そして、ＳＴ２２には多量の川原石が投げ捨てられていたことから、屋根は伏《ふせ》屋《や》式《しき》の石置き板葺屋根であったと想定される。

なお、「島原の乱図屏風」や「長篠合戦図屏風」に描かれている建物を参考とした。

木橋　木橋は、2号堀と6号堀でその跡が確認されたため整備を行った。前者に架かる橋は全長が五・五メートル、幅一・五メートルの規模が小さいもので、後者に架かる橋は全長が九メートル、幅二・七メートルのものである（図96）。

材料は、橋床に栗板を、欄干《らんかん》や橋脚《きょうきゃく》に檜材を使用した。なお、遺構面の保護のために実際の橋脚幅を狭くし、堀の深さも浅くした。

門　門跡は5号堀の内側で確認された。門の意匠については、塀重門《へいじゅうもん》を採用した（図97）。これは、長槍をもった兵士が往来する上で冠木門《かぶきもん》のような梁がない方が邪魔にならないという実戦的な見解によるものである。なお、控柱は確認できなかったが、後世の削平を受けている部分であり、なんらかの遺構があったと想定し、安全上の問題からも控柱を設けた。

積石遺構　積石遺構は、平面が直径約四メートルの不整円形で、高さが約五〇センチに石を積み上げたもので、断ち割り調査等を行ったが遺構の性格はわからなかった。

曲輪Ⅳのほぼ中央に位置し、築城当初の遺物も出土していることから、城にかかわるなんらかの役割を果たした遺構と思われ、遺構を埋め戻し、その上に擬似的に積石塚を再現した。

（四）体験学習施設の整備

城跡外において、ガイダンス機能と体験学習機能をあわせもった施設の整備を行った。また、城跡内において、城の重要な機能である堀・土塁を昇り降りできる体験施設を整備した。

とびやま歴史体験館（以下、体験館）整備にあたっては、次の4点の基本的な考え方にもとづいて整備を行った。

①「史跡との効果的な連携」

体験館は、『自発的に見て・調べて・行動する』という能動的な学習機能を発揮できるよう、史跡との連携を図る。

②「情報発信の充実」

体験館の展示は、飛山城跡から出土した実物を中心に、専門的な内容も含めて提供できるよう、城の模型や映像機器等の情報媒体を利用する。また、史跡内のさまざまな資源に関する情報を提供する場として整備する。

③「体験的空間の充実」

体験館は、古代・中世の人びとの生活を楽しみながら体験することで、その時代の人びとの知恵や文化に触れることができる体験学習のメニューが実行できる施設とする。

④「学校教育活動の場としての活用」

学校の総合的な学習の時間等を活用し、「自ら学び、自ら考える力を育成すること」を目指した、具体的な活動を展開できる場とする。

左記の基本的な考え方に則り、施設の機能を次の四点とした。

(ア)「ガイダンス機能」

a　城跡の紹介や史跡公園利用にあたってのマナーや学習方法のガイドを行うほか、市内の関連する文化財案内等を行う。

b　飛山城跡出土遺物を中心に、「中世宇都宮」と「のろし」をテーマとした展示を行う。

(イ)「体験学習機能」

歴史がより身近に感じられるよう、中世の人びとのくらし（衣・食・遊）を中心に体験でき、また、埋蔵文化財の整理体験も行えるようにする。

(ウ)「収蔵機能」

飛山城跡出土遺物を中心とした市内の出土遺物の収蔵をする。

(エ)「管理機能」

施設および史跡全体の管理運営を行う。

なお、施設の規模および構造は、床面積が八六〇平方《メートル》、構造が鉄骨造平屋建てである。

展示は中世と古代のブースに分かれる。中世は、城の歴史や構造などをパネルや模型、出土遺物により紹介する。古代は、烽火に関する歴史や烽制についてパネルや模型、出土遺物により紹介する。

図98　展示室内

展示の構成は次のとおりである。

(A)ご挨拶

(B)中世宇都宮の城郭・飛山城

①東国の要地宇都宮と飛山城

②よみがえる丘の上の城郭・飛山城

③飛山城を守るしかけ

④飛山城と戦国のくらし（青磁や瀬戸・常滑焼などの陶磁器、小札・手斧などの鉄製品、古銭などの青銅品、茶臼・石鍋などの石製品など、飛山城跡から出土した遺物を展示）

⑤着て、遊んで、中世の人びとを身近に感じてみよう（甲冑や打掛・小袖の衣装体験、盤双六、将棋の昔遊び体験など）

(C)古代飛山の烽家

①墨書土器が語るもの

②烽家の仕事

（五）便益施設等の整備

史跡内には、利用者の便益に供するため、トイレ、サイン、柵、防犯灯等を整備した。

屋外トイレは、城内の見学者用に、城の中央西側に多目的トイレ、男女兼用トイレを設置した。城内への上下水道の配管は、遺構保護の観点から行わず、微生物による汚物等の分解をする循環式のトイレとした。また、復元建物との差を出すために、現代風の箱形のユニット式のものにした。

休憩用のベンチは、梅林北崖寄り、曲輪Ⅳ西崖寄り、多目的広場内、曲輪Ⅵの自然散策路、5号堀北側の園路際に五カ所設置した。

個別案内板は来訪者への案内のために総合案内板一基、個別案内板一五基、注意喚起板六基、誘導案内板六基を設置した。仕様は、盤面が陶板で、台座に地元産の大谷石を使用した。

3　市民協働による管理と活用

飛山城史跡公園の管理については、市との適切な役割分担のもと、地域やボランティアとの協働による運営管理を行っている。史跡地内は地元住民が中心となり結成されたNPO法人飛山城跡愛護会（以下、愛護会）に委託し、ガイダンス機能と体験機能を兼ね備えた体験館は専門性を有する嘱託員を配置している。

史跡内の維持管理のおもな業務は、除草・清掃活動、復元建物の開閉等の維持管理、門の開閉、園内トイレの維持管理、史跡内の安全管理などである。なお、土塁の急傾斜部分や木の手入れなど危険かつ専門的な技術が必要な部分については、専門業者へ委託している。

史跡内の案内は、愛護会の解説ボランティアグループにより、団体および土・日・祝日来園の個人に対し行っている（図99）。

一方、体験館では、勾玉作り・土器作りなどの古代体験、甲冑や打掛・小袖の衣装体験などが随時体験できるように嘱託職員を配置した。この職員は、このほかに、常設展示の解説、体験材料の販売など金銭管理、企画展の企画準備・展示解説を行う。

図99　ボランティアによる解説

図100　親子で弓道

この他、この施設では埋蔵文化財の整理を行っている。なお、通常業務は遺物整理作業であるが、希望者には土器洗いや拓本とりなどの整理体験ができる遺物整理体験をしてもらうことができる。

このような通常業務のほかに、二カ月に一回程度、歴史に関係する体験事業を愛護会と共同で行っている。その事例をいくつか紹介する。

親子で弓道　中世の武将の嗜みの一つである弓道を、五月の節句前後に「親子で弓道」と題して実施している（図100）。

体験工房室で、愛護会員が指導者

となり弓矢を作成し、それを使って多目的広場で的に矢を射て、点数を競うゲームを行う。事業開始にあたっては、参加者に対して弓矢の歴史をレクチャーし、中世の歴史についても造詣を深めてもらっている。

宿泊体験　七月の夏休み期間中には、親子を対象とした宿泊体験を実施している。宿泊場所は史跡内の復元建物周辺で、テントを設置し宿泊をする。日中は、体験工房室で、竹とんぼ作り、勾玉作りなど歴史や伝統的な遊びに関係する工作形の作業を行っている。

図101　史跡内のカブト虫採り

図102　富士山を見る会

図103　「きよはら飛山まつり」ののろしの実演

翌日は、早朝に愛護会が養殖したカブト虫を史跡内に放し、カブト虫採りを行ったり（図101）、自作した竹トンボで遊んだりして半日を過ごす。

富士山を見る会

本史跡が関東富士見百景の地に選ばれたことから、二月二十三日の「富士見の日」にあわせて「富士山を見る会」を実施している（図102）。

愛護会の協力を得て、地元名物の「鬼怒の船頭鍋」を食しながら飛山城跡から富士山を見て、その後、講師を迎えて「富士山信仰」についての講演会や富士山に関する昔話を聞く会などを行っている。

きよはら飛山まつり

三月には、地元が中心となった「きよはら飛山まつり」を実施している。武者行列やお茶・お琴の演奏会が行われているほか、のろしの実演も地元清原中学校や作新大学の協力を得て行っている（図103）。

以上、愛護会を中心とした地元の協力を得ながら現在事業を展開しているが、このような地元の協力が得られる下地は、第Ⅰ章で述べたとおり、すでに一九七七（昭和五十二）年の指定に向けての活動のなかに芽生えていたように思われる。

飛山城史跡公園・とびやま歴史体験館利用案内

【所在地】

宇都宮市竹下町380－1

【交通案内】

○ JR 宇都宮駅の西口バスターミナルより、道場宿経由祖母井行き、もしくは道場宿経由清原台団地行きの JR バスに乗り、「下竹下」停留所で下車徒歩10分。

○車の場合は宇都宮市街地より国道123号線鐺山交差点を左折し約 2 km。

【問い合わせ先】

とびやま歴史体験館　電話　028－667－9400
FAX　028－667－9401

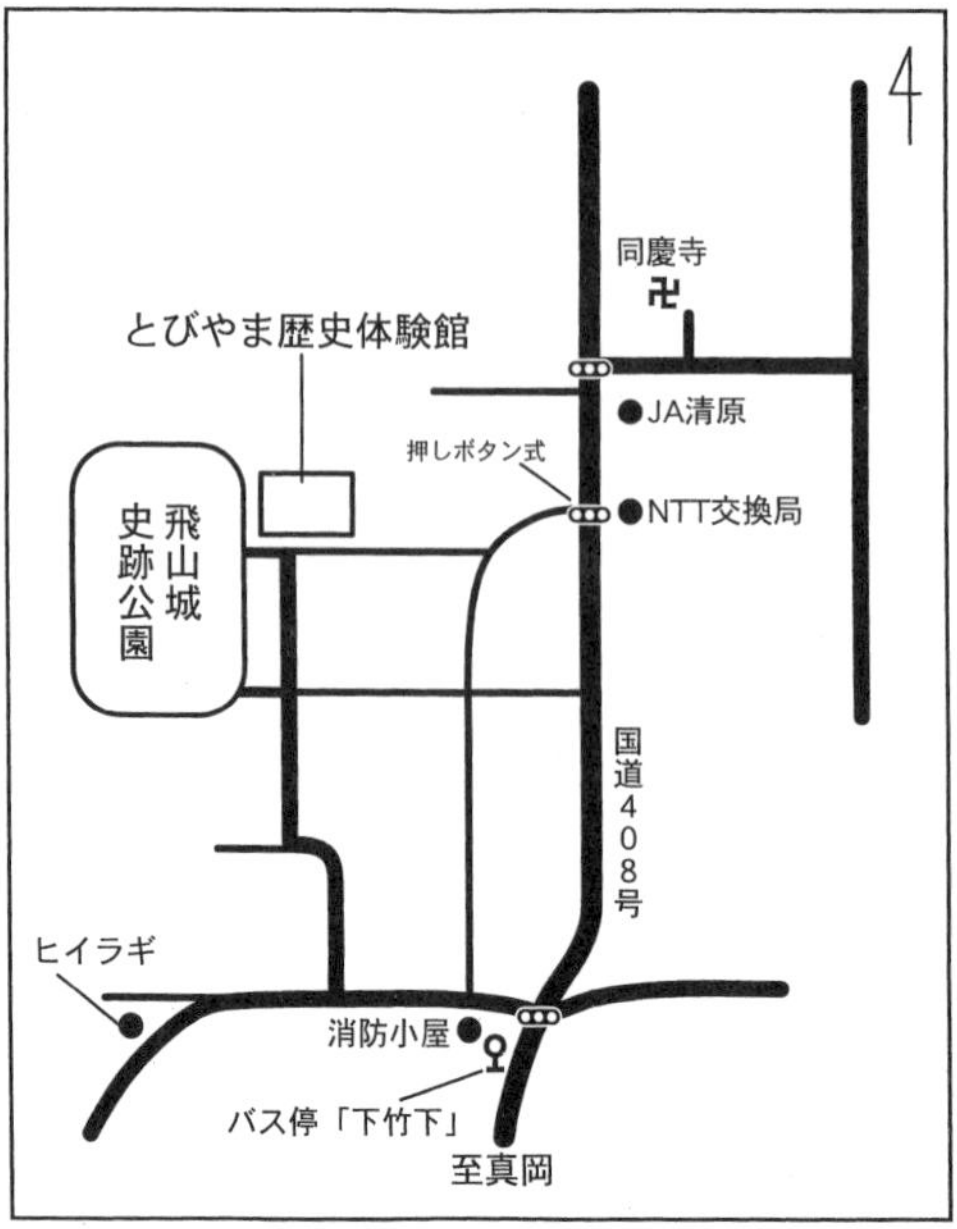

参考文献

赤井博之・佐々木義則　一九九六「新治窯跡群産須恵器坏Ａ１の変化」『婆良岐考古』第一八号

秋元陽光　一九八五『大町遺跡』上三川町教育委員会

荒川善夫　一九九三「中世下野の多気山城に関する一考察」『歴史と文化』第二号　栃木県歴史文化研究会

荒川善夫　一九九七『戦国期北関東の地域権力』岩田書院

安藤美保　二〇〇一『谷向・国谷馬場・中の内・総宮・鍋小路』（財）とちぎ生涯学習文化財団

石川速夫　一九八七「宇都宮氏歴代の足跡―多気山城ができるまで―」宇都宮市制百周年城山地区地域イベント実行委員会

石野博信　一九九〇『日本原始・古代住居の研究』吉川弘文館

板橋正幸　二〇〇五「西下谷田遺跡の一考察」『古代東国の考古学』大金宣亮氏追悼論文集　慶友社

板橋正幸　二〇〇七「県内の郡内複数官衙について」『上神主・茂原官衙遺跡の諸問題』栃木県考古学会

市村高男　一九八八「文献資料から見た飛山城の歴史と性格」『史跡飛山城跡保存整備基本計画』宇都宮市教育委員会

井上哲朗　一九九九「堀内障壁の分類と編年試案―千葉県内の事例を中心にして―」『中世城郭研究』第一三号　中世城郭研究会

内田律雄　一九九五「『出雲国風土記』の五烽」『風土記の考古学③』同成社

梅宮　茂　一九七一「関跡」『新版考古学講座』第九巻特論（中）雄山閣出版

江田郁夫　一九九九「中世宇都宮」について『栃木県立文書館研究紀要』第三号　栃木県立文書館

大澤伸啓　二〇〇三「下野国におけるかわらけの変遷―中世前半を中心として―」『栃木の考古学―塙静夫先生古稀記念論文集』塙静夫先生古稀記念論文集「栃木の考古学」刊行会

大野　亨　二〇〇一「竪穴建物とは何か—八戸市根城跡を中心に—」『掘立と竪穴』高志書院
大橋泰夫　二〇〇七「長者ヶ平遺跡」『上神主・茂原官衙遺跡の諸問題』栃木県考古学会
小高春雄　二〇〇五「房総における鉄炮の導入とその与えた影響について」『城郭と中世の東国』千葉城郭研究会編
小野正敏　一九八二「十五、十六世紀の染付碗、皿の分類とその年代」『貿易陶磁研究』No.2　日本貿易陶磁研究会
鹿沼市史編さん委員会　二〇〇二『鹿沼の城館』
上三川町教育委員会　二〇〇〇『かみのかわ歴史百話』
金坂清則　一九七五「下野国府・田郡駅家とこの間の東山道について」『福井大学教育学部紀要（Ⅲ社会科学）』25
金坂清則　一九七八「下野国」『古代日本の交通路』Ⅱ　大明堂
川上真司　一九八九「三王山上野原遺跡」『栃木県埋蔵文化財保護行政年報』（昭和六三年度）栃木県教育委員会
河西健二ほか　一九九一『南中田Ｄ遺跡発掘調査報告書』富山県埋蔵文化財センター
木戸雅寿　一九九五「一三　石鍋」『概説　中世の土器・陶磁器』中世土器研究会編
君島利行　二〇〇〇『下野壬生城』壬生町教育委員会
木本雅康　一九九二「下野国都賀・河内両郡における古代駅路について」『栃木史学』第六号　國學院大學栃木短期大學史学会
工藤清泰　一九八五『浪岡城跡Ⅶ』浪岡町教育委員会
工藤雅樹　一九九二『古代の蝦夷』河出書房新社
久留島典子　二〇〇一『一揆と戦国大名』日本の歴史第一三巻　講談社
国立歴史民俗博物館　二〇〇六『歴史の中の鉄炮伝来』
今平利幸　一九九七「飛山城跡発掘調査概要—古代烽跡を中心に—」『烽の道』青木書店
今平利幸　二〇〇五「古代烽関連建物についての一考察」『古代東国の考古学』大金宣亮氏追悼論文集　慶友社
佐藤　信　一九九七「古代国家と烽制」『烽の道』青木書店

柴田龍司　二〇〇一「篠本城・笹子城・和良比堀込城　石塔を堀に投棄する」『城破りの考古学』吉川弘文館
新川武紀　二〇〇三「芳賀地方と宇都宮氏の家臣たち」『芳賀町史』通史編　原始古代・中世　芳賀町史編さん委員会
眞保昌弘「那須郡を中心とした古代道路跡」『栃木県考古学会誌』第二三集　栃木県考古学会
鈴木忠司　一九九六「岩宿時代の陥穴状土坑をめぐる二三の問題」『下原遺跡Ⅱ』（財）静岡県埋蔵文化財調査研究所
諏訪間　順　二〇〇六「旧石器時代の最古を考える―『X層』研究の意義」『岩宿時代はどこまで遡れるか―立川ローム層最下部の石器群―予稿集』岩宿フォーラム実行委員会
関口和也　一九九九「東日本の枡形虎口」『第一六回全国城郭研究者セミナー　テーマ「枡形虎口の再検討」』第一六回全国城郭研究者セミナー実行委員会
千田嘉博　一九八九「中世城郭から近世城郭へ―山城の縄張り研究から―」『月刊文化財』三〇五号　文化庁文化財保護部監修
千田嘉博　一九九六「中世の城館を歩いてみよう」別冊歴史読本『城郭研究最前線　ここまで見えた城の実像』新人物往来社
宗　秀明　一九九九「方形竪穴建物の機能と変遷―中世東国の半地下式建物―」『考古学研究』第46巻第3号　考古学研究会
高橋　学　二〇〇三「滑石製石鍋と山茶碗―雄勝町館堀城跡出土の事例から―」『秋田県埋蔵文化財センター研究紀要』第一七号
高橋與右衛門　一九九二「発掘された中世の建物跡」『北の中世』日本エディタースクール出版部
高橋與右衛門　二〇〇三「中世の建物跡」『戦国時代の考古学』高志書院
瀧川政次郎　一九五三「唐兵部式と日本軍防令」『法制史研究』二号

田熊清彦　一九九七　「烽家の文字と墨書土器」『烽の道』青木書店
田代隆他　一九九五　『下古館遺跡』栃木県教育委員会・（財）栃木県文化振興事業団
栃木県教育委員会　一九八二　『栃木県の中世城館跡』
中野晴久　一九九五　「生産地における編年について」『常滑焼と中世社会』小学館
中山　晋　一九九七　「下野国と東山道」『古代文化』第四九巻第八号　（財）古代学協会
仲山英樹　一九九七　「出土文字資料にみる「門」と「家」」『研究紀要』第五号　（財）栃木県文化振興事業団埋蔵文化財センター
新野直吉　一九八九　『古代東北の兵乱』吉川弘文館
服部英雄　一九九五　『景観にさぐる中世―変貌する村の姿と荘園史研究―』新人物往来社
初山孝行　一九九一　『鹿沼流通業務団地内遺跡』
塙　静夫　二〇〇六　『とちぎの古城を歩く』下野新聞社
馬場悠男　二〇〇一　「スンダランドはアジア人の故郷」『日本人はるかな旅展』図録　国立科学博物館
平川　南　一九九七　「はじめに―烽遺跡発見の意義」『烽の道』青木書店
福島克彦　一九九八　「城郭研究からみた山科寺内町」『戦国の寺・城・町』法蔵館
藤澤良祐　一九九二　「古瀬戸中期様式の成立過程」『東洋陶磁』第八号
藤澤良祐　一九九一　「瀬戸古窯址群Ⅱ―古瀬戸後期様式の編年―」『瀬戸市歴史民俗資料館研究紀要』Ⅹ
町田　洋・新井房夫　二〇〇三　『新編火山灰アトラスか（日本列島とその周辺）』
松岡　進　一九九九　「戦国期・織豊期における築城技術―ひとつの研究史整理の試み―」中世城郭研究第一三号　中世城郭研究会
峰岸純夫・橋本澄朗　一九七五　『石那田館跡』栃木県教育委員会
宮本長二郎　一九八九　「平地住居及び竪穴住居の類型と変遷」『先史日本の住居とその周辺』同成社

桃崎祐輔　一九九九「常総地域の中世陶磁器と土器」『焼き物に見る中世の世界』上高津貝塚ふるさと歴史の広場
森嶋秀一　一九九九「栃木県の後期旧石器時代の編年」『第一二回福島・栃木埋蔵文化財研究協議会』（財）福島県文化センター・（財）栃木県文化振興事業団埋蔵文化財センター
森田　勉　一九八二「十四～十六世紀の白磁の型式分類と編年」『貿易陶磁研究』No.2　日本貿易陶磁研究会
谷中　隆　二〇〇七「第三章　第二節　研究史」『研究紀要』第一五号（財）とちぎ生涯学習財団埋蔵文化財センター
八巻孝夫　二〇〇一「Ⅲ縄張研究からみた中世城郭の城破り―東日本を中心に―」『城破りの考古学』吉川弘文館
山本信夫　一九九五「中世前期の貿易陶磁器」『概説　中世の土器・陶磁器』中世土器研究会編
横田賢次郎・森田　勉　一九七八「大宰府出土の輸入中国陶磁器について」『九州歴史資料館研究論集』四

あとがき

一九八八（昭和六十三）年に私が教員から宇都宮市教育委員会に異動となり、初めて主務者として発掘調査を行ったのが、この飛山城跡である。この時すでに城跡は国指定となっていたが、城跡の南側外堀外側部分と北東部の外堀部分が未指定であったため、追加指定を受けるための範囲確認調査を行った。その調査結果を基に追加指定の申請を行い、一九九〇（平成二）年四月三日付けで、その部分が指定となった。

その後、一九九二（平成四）年から史跡整備に先立つ基礎資料を得るための確認調査を行い、本文中で紹介したような成果を挙げることができた。その中で、Ⅱ章とⅢ章で紹介した旧石器時代の土坑と古代の「烽家」墨書土器の発見は、中世の城跡を調査しているという意識の中で、まさに思いもかけなかったものである。とくに「烽家」墨書土器は、考古資料として全国的にも貴重な発見であったばかりでなく、歴史学的にも通説の見直しを迫るなど大きな発見であった。そしてこのことにより飛山城跡が全国的にも知られるきっかけとなった。

本書でも触れたように、このような大きな発見に繋がるもととなったのが、地域住民が中心となり巻き起こした城跡の保存運動である。この働きかけがなく、宅地造成がなされ発掘調査も行われなかったならば、今日においても「烽は西日本にしか設置されていなかった」とする見解をほとんどの人が疑わないでいたかもしれない。

このように考えると、遺跡の保護・保存に関わる地域の人々の重要性をあらためて感じさせられるとともに、当時、この城跡の保存活動に尽力された方々に対し、敬意を表するしだいである。

このような貴重な調査成果をもとに、一九九八（平成十）年度から史跡整備事業を開始し、二〇〇五（平成十七）年三月に「飛山城史跡公園」として開園し現在に至っている。

そして開園後も、地域住民が主体となって結成された「ＮＰＯ法人飛山城跡愛護会」が史跡の維持管理や各種イベントのサポート、そして解説ボランティアなどを行い、この史跡公園をあらゆる方向からバックアップしてくれている。全国的にもＮＰＯ法人による史跡の維持管理・活用の事例があまりない中で、魁的にそれに取り組み実施していることは注目に値する。

史跡の保存・整備、そして活用が叫ばれている中、いかに地域の住民がその史跡に愛着を持ち、守っていこうとする意識が高いかが、その後の史跡の持続的な維持管理・活用につながるものと思われる。

なお、本書をまとめるにあたり、多くの写真や資料を宇都宮市教育委員会より提供いただきました。また、峰岸純夫先生をはじめとする飛山城跡保存整備委員会の先生方及び本文中でご紹介した方々には多大なるご指導とご協力を賜りました。敬称を略させていただいたこととあわせ、ここでお断りし、御礼を申し上げます。

菊池徹夫
坂井秀弥　企画・監修「日本の遺跡」

29　飛山城跡《とびやまじょうあと》

■著者略歴■
今平利幸（こんぺい・としゆき）
1964年、栃木県生まれ
宇都宮大学教育学部卒
現在、宇都宮市教育委員会文化課指導主事、作新大学人間文化部非常勤講師
主要論文等
「古墳時代前期の「下野」の地域性」『塙静夫先生古稀記念論文集　栃木の考古学』2003
「古代烽関連建物についての一考察」『古代東国の考古学』2005
「栃木県の様相」『シンポジウム前方後方墳とその周辺』東北関東前方後円墳研究会　2006
「飛山烽跡と東山道」『上神主・茂原官衙遺跡の諸問題』栃木県考古学会 2007

2008年8月10日発行

著者　今平　利幸
発行者　山脇　洋亮
印刷者　亜細亜印刷㈱

発行所　東京都千代田区飯田橋4-4-8　東京中央ビル内　**(株)同成社**
TEL 03-3239-1467　振替 00140-0-20618

ISBN978-4-88621-443-0 C3321

シリーズ　日本の遺跡
菊池徹夫・坂井秀弥　企画・監修　　四六判・定価各1890円

【既刊】

①西都原古墳群　南九州屈指の大古墳群　北郷泰道
②吉野ヶ里遺跡　復元された弥生大集落　七田忠昭
③虎塚古墳　関東の彩色壁画古墳　鴨志田篤二
④六郷山と田染荘遺跡　九州国東の寺院と荘園遺跡　櫻井成昭
⑤瀬戸窯跡群　歴史を刻む日本の代表的窯跡群　藤澤良祐
⑥宇治遺跡群　藤原氏が残した平安王朝遺跡　杉本　宏
⑦今城塚と三島古墳群　摂津・淀川北岸の真の継体陵　森田克行
⑧加茂遺跡　大型建物をもつ畿内の弥生大集落　岡野慶隆
⑨伊勢斎宮跡　今に蘇る斎王の宮殿　泉　雄二
⑩白河郡衙遺跡群　古代東国行政の一大中心地　鈴木　功
⑪山陽道駅家跡　西日本を支えた古代の道と駅　岸本道昭
⑫秋田城跡　最北の古代城柵　伊藤武士
⑬常呂遺跡群　先史オホーツク沿岸の大遺跡群　武田　修
⑭両宮山古墳　二重濠をもつ吉備の首長墓　宇垣匡雅
⑮奥山荘城館遺跡　中世越後の荘園と館群　水澤幸一
⑯妻木晩田遺跡　甦る山陰弥生集落の大景観　高田健一
⑰宮畑遺跡　南東北の縄文大集落　斎藤義弘
⑱王塚・千坊山遺跡群　富山平野の弥生墳丘墓と古墳群　大野英子
⑲根城跡　陸奥の戦国大名南部氏の本拠地　佐々木浩一
⑳日根荘遺跡　和泉に残る中世荘園の景観　鈴木陽一
㉑昼飯大塚古墳　美濃最大の前方後円墳　中井正幸
㉒大知波峠廃寺跡　三河・遠江の古代山林寺院　後藤建一
㉓寺野東遺跡　環状盛土をもつ関東の縄文集落　江原・初山
㉔長者ケ原遺跡　縄文時代北陸の玉作集落　木島・寺﨑・山岸
㉕侍塚古墳と那須国造碑　下野の前方後方墳と古代石碑　眞保昌弘
㉖名護屋城跡　文禄・慶長の役の軍事拠点　高瀬哲郎
㉗五稜郭　幕末対外政策の北の拠点　田原良信
㉘長崎出島　甦るオランダ商館　山口美由紀
㉙飛山城跡　下野の古代烽家と中世城館　今平利幸

【続刊】

㉚多賀城跡　古代国家の東北支配の要衝　高倉敏明